Felix Wallner
Der Große Gstieß
<u>oder</u>

**Warum man zwangsläufig vom Weg abkommt,
wenn man Gutes tun will**

Roman

müry salzmann

Karte aus einem Tarockspiel mit erotischen Motiven, 19. Jahrhundert

[Tarock]
ist ein im Spätmittelalter in Italien entstandenes Kartenspiel,
das seit dem 18. Jh. auch im deutschsprachigen Raum
populär wurde. Tarock galt in der Habsburgermonarchie als
Pflichtspiel für Beamte und Offiziere. Es wird zu viert gespielt.

[Gstieß]
die Karte mit dem höchsten Kartenwert beim Tarockspiel.
Der Ausdruck Gstieß ist eine österreichische Verballhornung des Wortes *Sküs*, seinerseits eine Verballhornung des
franz. Ausdrucks *l'excuse*. Der Ausspieler der Karte ist also
vornehm genug, sich dafür zu entschuldigen, dass er mit
dieser Karte den Stich macht.

Das erste Zitat stammt aus dem bürgerlichen Trauerspiel *Emilia Galotti* von Gotthold Ephraim Lessing.

Das zweite ist eine Textzeile aus dem Song *Like a Rolling Stone* des damals 24-jährigen und noch nicht mit dem Nobelpreis geehrten Bob Dylan.

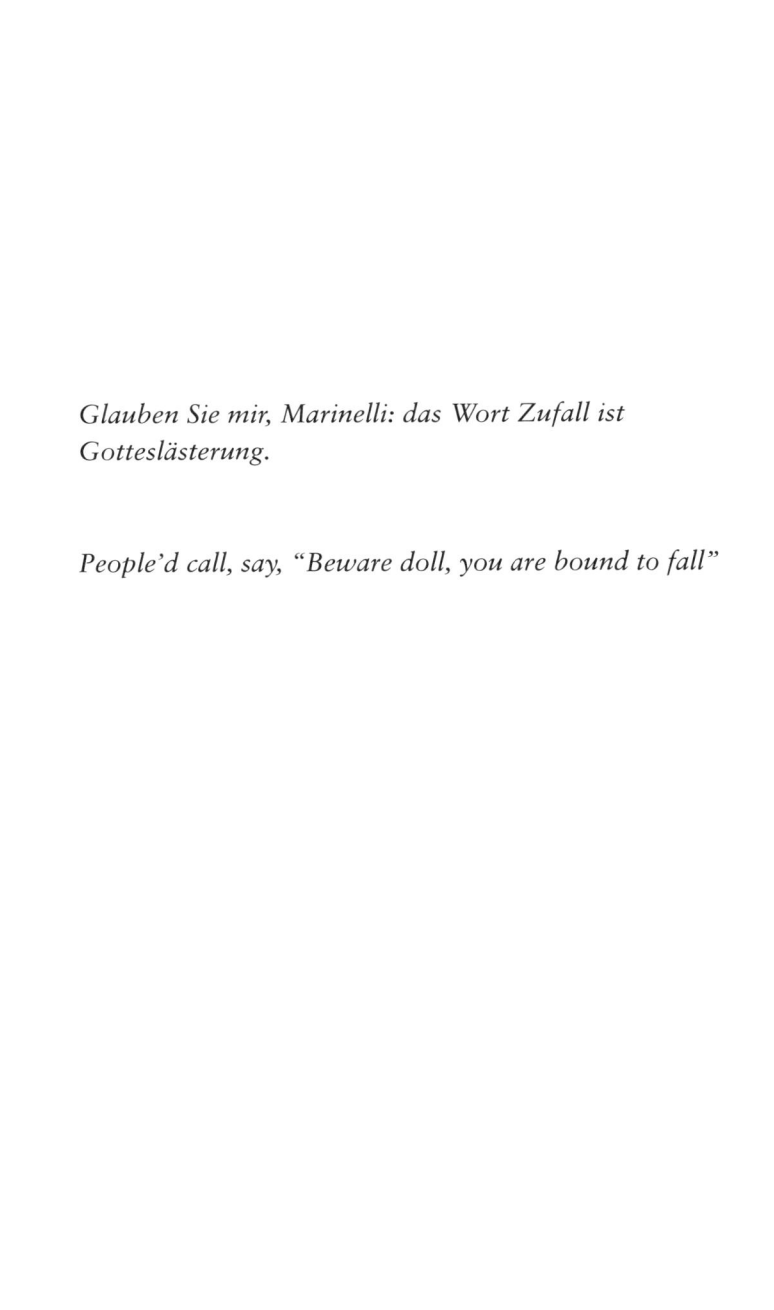

Glauben Sie mir, Marinelli: das Wort Zufall ist Gotteslästerung.

People'd call, say, "Beware doll, you are bound to fall"

Personenverzeichnis

Ich, jemand, der von Gott den eindeutigen Auftrag hat, Gutes zu tun
Eine dicke Dame, mit geblümtem Kopftuch, möglicherweise geprellt von einem Fahrscheinautomaten
Ein alter Knacker, mit Stock, verfolgt mich möglicherweise
Zwetschkerl, eine füllige Mittvierzigerin, fährt möglicherweise regelmäßig mit der Straßenbahn
Wilhelm Tell, möglicherweise Rekordmeister beim Mühlviertler Tarockcup
Stupsi, so genannt wegen ihrer ausgeprägten Stupsnase, Tänzerin in einem Erotikcenter, möglicherweise herzkrank
Moby Dick, ehemaliger Steckerlfischunternehmer, sentimentaler Zuhälter, sieht Wilhelm Tell möglicherweise sehr ähnlich
Gotthelf, Sektierer, möglicherweise Zeuge Jehovas
Puppi, eine Würstelfrau, dient möglicherweise als Lockvogel
Dr. Birkenstock, Jurist bei der Bundespolizeidirektion Linz, möglicherweise fanatischer Tarockspieler
Miss Lonely, eine Obdachlose, möglicherweise aus gutem Haus
Grizabella, eine Prostituierte, die den Zenit ihrer Berufslaufbahn jedenfalls überschritten und möglicherweise schlaffe Brüste hat

1.

Heute ist Dienstag. Es ist sechs Uhr früh. Ich stehe vor dem Waschbecken und putze mir die Zähne. Zeichen bedeuten mir nichts mehr. Wie es dazu gekommen ist, ist eine lange und komplizierte Geschichte. Nicht, dass es mir ein besonderes Anliegen wäre, aber es ist einfach eine Frage der Hygiene, sich jeden Morgen die Zähne zu putzen. Einverstanden, dachte ich gestern an mein Leben gerichtet, ungefähr um dieselbe Zeit und auch ziemlich genau an derselben Stelle wie heute. Ich griff nach der hellgrünen Zahnbürste in meinem Zahnputzbecher.

2.

Immer kommt es anders, als man denkt. Gerade als ich mich suchend nach der Zahnpasta umsehe, fällt mir ein, dass ich mir vorher noch die Hände waschen sollte.
Das ist ungewöhnlich, weil ich mir normalerweise erst nach dem Zähneputzen die Hände wasche. Auch rückblickend kann ich nicht sagen, weshalb ich auf diese für mich untypische Idee gekommen bin. Aber Badezimmer im Morgengrauen sind eben häufig Brutstätten des Irrationalen. Nur sprechen Menschen selten darüber. Das liegt vermutlich daran, dass sie zu wenig darüber nachdenken und gerade

in Badezimmern versucht sind, sich leichtfertig dem Unbewussten zu überlassen.

Tatsache ist jedenfalls, dass ich die Seife zu heftig zwischen den Händen reibe und, als ich mich – eigentlich grundlos – bücke, einen Spritzer Seifenlauge in mein rechtes Auge bekomme. Ich werde panisch, weil ich insgeheim spüre, dass mich der jähe und stechende Schmerz, den die Seife auf meiner Bindehaut auslöst, zum Opfer macht. Obwohl das Auge höllisch brennt, rinnt ein kalter Schauer über meinen Rücken. Um ja nichts zu verpatzen, nehme ich mir Zeit und prüfe feierlich die an der Wand hängenden Handtücher. Ich will jetzt leiden. Ich will um jeden Preis vermeiden, mich im Affekt mit einem Handtuch von dem stechenden Augenschmerz zu befreien, den ich als ein mich auszeichnendes Martyrium verstehe. Ich werde das Auge in Ruhe lassen und mich darauf beschränken, meine gesäuberten Hände in aller Ruhe abzutrocknen. Vielleicht ist es ein Fehler, dass ich das größte Handtuch gewählt habe. Jedenfalls fällt es zu Boden, als ich es auf den Haken zurückhängen möchte. Genau genommen entsteht dadurch niemandem ein Schaden. Psychologisch aber ist es ein Nachteil, dass mir das Handtuch aus den Händen gerutscht ist, weil ich diesen Zwischenfall instinktiv als Niederlage empfinde und daher übertrieben sensibel werde, was Außenreize angeht.

Du, richte ich mich an mein Leben, meinst es heute nicht gut mit mir. Keine Überraschungen, wenn ich bitten darf. Noch habe ich keine Ahnung, dass mich dieser Tag in einem gewissen Sinn zum Mörder machen wird.

Wieder vor dem Waschbecken stehend, fällt mir – wie praktisch jeden Tag – der Spiegel unangenehm auf. Es ist entwürdigend, sich genauso sehen zu müssen, wie einen die anderen sehen. Mindestens so unangenehm, wie die eigene Stimme am Diktiergerät zu hören. Um mir das Gefühl zu geben, dass ich mit diesem Gesicht im Spiegel nichts zu tun habe, schneide ich ein paar lächerliche Grimassen.

Dann aber greife ich endgültig nach der Zahnpasta. Da die Tube zu stark zusammengedrückt ist, spritzt der Inhalt nach dem Öffnen fontänenartig heraus und kleckst ins Waschbecken. Es kommt mir zugute, dass ich gelernt habe, die Dinge so zu nehmen, wie sie sind, und so beginne ich ohne jeden Anflug von Panik, die Zahnpasta-Flecken mit etwas Wasser wegzuwischen.

Nach Abschluss dieser Verrichtung halte ich den Zeitpunkt für gekommen, mir die Zähne zu putzen. Mit äußerster Vorsicht und großem Feingefühl trage ich eine genau bemessene Schicht Zahnpasta auf die Zahnbürste auf. Just in dem Moment, als ich diese zum Mund führen will, greift eine überirdische Macht in meinen Tagesablauf ein.

Obwohl sich der neue Tag ziemlich grau vor meinem Badezimmerfenster aufpflanzt, durchbricht plötzlich ein greller Sonnenstrahl das stumpfe Milchglas und hüllt meine Zahnbürste in ein blendendes, ja mystisches Licht. Geh hinaus und tu Gutes heute, befiehlt mir mit tiefer, feierlicher Stimme die noch immer hell erleuchtete Zahnbürste. Ich fahre zusammen. Es dauert eine Weile, ehe ich meine Fassung wieder finde. Nein, Zahnbürsten können nicht sprechen. Das ist ein Zeichen, und niemand anderer als der liebe Gott hat zu mir gesprochen. Ohne auch nur einen Augenblick zu zögern, geschweige denn die Zahnpflege fortzusetzen, mache ich mich auf die Suche.

Um keine Zeit zu verlieren, zwänge ich mich ohne Schuhlöffel, nur mit roher Gewalt in meine Schlüpfer, stecke das Geldbörsl ein und stürze wild entschlossen aus dem Haus.

Als erstes sehe ich mich im Garten um. Die Nachbarskatze hat mitten auf die Wiese gemacht. Das kann ich schnell mit einer Schaufel klären. Außerdem sind ein paar Grashalme leicht geknickt. Ich beeile mich, sie wieder aufzurichten. All das reicht natürlich nicht aus, meinen Auftrag als erledigt zu betrachten. Ich klaube rasch noch eine herumliegende Walnuss auf, empfinde das aber auch nur als eine zwar willkommene, im Ergebnis aber ungenügende Fleißaufgabe. Dann trete ich auf die Straße.

3.

Es kostet mich jedes Mal Überwindung, den Garten zu verlassen, weil ich mir mit einem Schlag fremd vorkomme. Haargenau an meinem Gartenzaun verläuft die Grenze, ab der ich mich der Außenwelt mit all ihren Unwägbarkeiten ausgesetzt weiß. Ich glaube, diese Unsicherheit kommt daher, dass unmittelbar vor meinem Garten die Straße beginnt. Theoretisch könnte ich sofort nach Verlassen des Gartens von einem Auto erfasst und getötet werden. Dieses Bewusstsein macht mir das Hinausgehen nicht gerade leicht. Trotzdem nehme ich mir ein Herz und breche auf. Hochkonzentriert versuche ich Witterung aufzunehmen nach einer guten Tat.

Dabei beginne ich, mir wieder einmal die Zukunft auszumalen, was schon nach wenigen Schritten in einer Katastrophe endet. Vor mir türmen sich Lebensvariationen auf, die mir den Atem nehmen. Wuchernden Schlingpflanzen gleich verstellen sie mir den Weg zu meiner eigentlichen Bestimmung. Ich werde unwillkürlich langsamer. Was hat es für einen Sinn, spreche ich wieder mein Leben an, in die Zukunft zu denken, wenn es bloßer Zufall ist, ob ich die nächsten Sekunden überlebe?

Mein Leben zuckt verärgert mit den Schultern. Genau das sei meine Bestimmung, gibt es mir zu verstehen: das Schicksal fein säuberlich zusammenzufalten und den Zufall herauszubügeln.

Du hast recht, denke ich, und trete zur Bestätigung absichtlich auf einen Regenwurm, der mit etwas Erde von einer Gartenmauer auf den Gehsteig gefallen ist. Ich erwische das Tier so geschickt mit der Seitenkante meines rechten Schuhs, dass ich es in zwei annähernd gleiche Teile spalte. Interessanterweise schlängeln sich die beiden Wurmhälften in genau entgegen gesetzte Richtungen davon.
Für den Wurm war mein Vorgehen vermutlich eine Überraschung. Ich aber begreife, dass es immer der Stärkere ist, dem es gelingt, Unvorhersehbares vorhersehbar zu machen.

Es ist sieben Uhr früh. Da sollte ein gut beschäftigter Anwalt eigentlich an seinem Schreibtisch sitzen. Ich rufe in der Kanzlei an und bitte Frau Hildegunde, alle meine Termine für heute abzusagen. Ich trage ihr auf, den Klienten gegenüber nichts von meinem göttlichen Auftrag zu erwähnen, sondern eine plötzliche Erkrankung vorzuschützen.
Dann halte ich wieder Ausschau nach einem lohnenden Ziel. Ein Unbekannter kommt mir entgegen und grüßt. Ich grüße zögernd zurück und frage mich, was er im Schilde führt.
Es ist zwar schon hell, trotzdem steht unpassenderweise noch ein bisschen Mond am Himmel. In einem der Häuser, an denen ich vorbeikomme, brennt Licht, obwohl das streng genommen nicht mehr notwendig ist. Ich läute und schlage unter Hinweis auf den

schon erfolgten Sonnenaufgang vor, das Licht auszuschalten. Ein junger Mann, meinem Gefühl nach Student, dankt höflich. Ich drehe mich noch einmal verstohlen um und stelle fest, dass er das Licht wirklich abgedreht hat. Das bestätigt mir, auf dem besten Weg zu sein. Wahrscheinlich habe ich tatsächlich das Format, Gutes zu tun.

4.

Angespannt wie ein Raubtier auf Beutesuche schleiche ich zwischen den Wohnblocks, die an meine Reihenhaussiedlung anschließen, stadteinwärts. Hier leben Menschen in siebzig Quadratmeter großen Wohnungen. Behaglichkeit bedeutet ihnen viel, sie sind im Besitz einer ESG-Monatskarte und fahren niemals schwarz, haben einen Abbuchungsauftrag beim SOS-Kinderdorf und verspüren nicht die leiseste Lust, zumindest einmal im Leben Amok zu laufen. Trotzdem habe ich das Gefühl, dass zwischen den Ritzen dieser Wohlgeordnetheit plötzlich soziale Not zum Vorschein kommen könnte. Irgendetwas macht mich daher sicher, endlich auf die Gelegenheit einer guten Tat zu stoßen. Prompt erklingt zu meinem Entzücken der gellende Schrei einer Frau.

Die Elektrizitäts-und Straßenbahngesellschaft Linz wurde 1923 gegründet und im Jahr 2000 in die im Alleineigentum der Stadt Linz stehende Linz AG eingebracht.

Ich kann die Quelle nicht gleich orten, weil mir hochgewachsene Büsche die Sicht verstellen. Gott sei Dank wiederholen sich die Hilferufe in immer schnellerer Frequenz.

Ich laufe atemlos weiter und erkenne, dass sie aus der Richtung eines Fahrscheinautomaten kommen, der zur Straßenbahnhaltestelle auf der anderen Seite der großen Durchzugsstraße unseres Stadtviertels gehört. Ich schiebe meine grundsätzlichen Vorbehalte gegen Zebrastreifen zur Seite, die ich immer als künstliche Einmischung in das natürliche Zusammenspiel von Autos und Fußgängern empfunden habe, und hetze, einen solchen benutzend, über die Fahrbahn.

Während ich die Haltestelle ansteuere, versuche ich mir ein Bild von der Situation zu machen. Die Rufe kommen von einer dicklichen Frau unbestimmbaren Alters. Daneben steht ein Mann, weshalb ich zunächst auf den Versuch einer Vergewaltigung tippe. Als ich näherkomme, sehe ich, dass der Mann um die siebzig sein muss und auf einen Stock gestützt einen gebrechlichen Eindruck macht. Das könnte natürlich auch Tarnung sein, aber es bringt meine Anfangshypothese doch ins Wanken.

Endlich habe ich die Haltestelle erreicht. Die Frau ist mittlerweile in ein klägliches Wimmern verfallen und offensichtlich nicht ansprechbar. Von ihr kann ich keine Klärung der noch immer unüberschaubaren Situation erwarten. Auch habe ich Scheu, den älteren

Herrn direkt darauf anzusprechen, ob er gerade im Sinn gehabt habe, die Dicke zu vergewaltigen. Dazu kommt, dass es sich nicht nur um eine dickliche, sondern insgesamt ausgesprochen unförmige Person handelt, die zu meinem Entsetzen ein mit Blumen gemustertes Kopftuch trägt. Ich kann mir keine sexuelle Orientierung vorstellen, die die Trägerin eines geblümten Kopftuches zum Ziel eines Vergewaltigungsversuches machen könnte. Vielleicht versuche ich mich aber nur unbewusst zu rechtfertigen, weil es mir peinlich ist, den alten Herrn auf die eventuelle Absicht einer Misshandlung anzusprechen.

Wie auch immer. Ich befinde mich in einer misslichen Situation. Auf der einen Seite ist der jämmerliche Anblick der Frau mit dem Kopftuch ein eindeutiger Hinweis darauf, dass ich hier helfen und Gutes tun sollte. Auf der anderen Seite will ich dies nicht ins Blaue hinein tun. Ich habe den Ehrgeiz, sinnvolle Hilfe zu leisten, was voraussetzt, dass ich die Ursache der jetzt wieder lauter werdenden Klage erkenne. Die umstehenden Menschen sehen in mir aber nicht jemanden, der gekommen ist, um Gutes zu tun, sondern lediglich jemanden, der auf die Straßenbahn wartet. Niemand fühlt sich daher veranlasst, mir den Grund der Hilferufe und des anhaltenden Gejammers zu verraten.

Ich würde weiterhin ratlos herum stehen und mein Potential zur Durchführung einer guten Tat in der Unentschiedenheit der Situation wirkungslos ver-

Kosename, der Zwetschke (österr. für Pflaume) nachempfunden, nicht zu verwechseln mit dem Zwutschkerl (kleine, zierliche Person)

dampfen lassen, würde da nicht Zwetschkerl ins Spiel kommen. Ich habe sie noch gar nicht bemerkt, weil ich so auf die Frau mit dem Kopftuch und ihren potentiellen Vergewaltiger konzentriert bin, und hätte ich sie bemerkt, hätte ich noch nicht gewusst, dass es sich um Zwetschkerl handelt.

Ich räuspere mich planlos und bin froh, dass Zwetschkerl mit der scharfen, an die wimmernde Kopftuchfrau gerichteten Aufforderung, sie möge endlich die Goschen halten, der peinlichen Stille ein Ende macht. Während ich noch überlege, ob mir Zwetschkerl Aufschluss über den Grund der Hilferufe geben könnte, hat sie schon das Wort an mich gerichtet. Der blade Trampel, enthüllt sie mir, der blade Trampel hat einen Euro in den Automaten geworfen, und jetzt kommt das Wechselgeld nicht heraus.

Ich bewundere Zwetschkerls Geradlinigkeit. Mir wäre in so einer Situation eine derart präzise und schnörkellose Darstellung der Ereignisse einem Fremden gegenüber nie geglückt. Andererseits kann ich auch die Enttäuschung der Kopftuchfrau verstehen, weil mir bekannt ist, dass die Linzer Fahrscheinautomaten die Rückgabe von Wechselgeld ausdrücklich ankündigen.

Goschen: ugs. für Mund, Maul, Mundwerk
Trampel: ugs. für dumme Frau, Tölpel
blad: ugs. für dick, korpulent

Mit einer Heftigkeit, die ich ihm seinem Äußeren nach gar nicht zugetraut hätte, widerspricht der alte Herr. Er müsse darauf bestehen, bei der Wahrheit zu bleiben und die sei nun einmal, dass die Frau nicht eine Ein-Euro-, sondern eine Zwei-Euro-Münze in den Automaten geworfen habe. Ich finde ob solcher Haarspalterei meine Fassung wieder und gebe zu bedenken, dass das eigentlich egal sei, weil der Automat am besten wissen müsse, wie viel eingeworfen wurde, und aus dem Wechselgeld daher völlig zuverlässige Schlüsse auf die zugeführte Geldsumme gezogen werden könnten.

Der alte Herr widerspricht wieder. Zum einen sei nicht einmal sicher, ob der Automat überhaupt noch Wechselgeld herausgäbe. Die Dicke, die sich etwas beruhigt und unserem Gespräch zugehört hat, schreit entsetzt auf. Zum anderen, fährt der Mann fort, könne die Welt ohne Wahrheit gar nicht bestehen. Was der Welt ihre Fassung gebe, sei die bedingungslose Wahrheit. Es könne daher auch nicht der Fahrscheinautomat alleine entscheiden, welchen Betrag die Frau eingeworfen habe. Seiner Überzeugung nach können auch Fahrscheinautomaten irren. Er müsse mich schon fragen, und jetzt wird er unerträglich in seiner weitschweifigen Rede, was ich täte, wenn mir bei der vermutlich bevorstehenden Fahrt mit der Straßenbahn durch einen Zufall bekannt würde, dass mein Sitznachbar keinen Fahrschein gelöst hat. Steckte ich etwa den Kopf in den Sand?

Oder würde ich – so ginge er jedenfalls vor – sofort den Fahrer informieren, ja, für den Fall, dass dieser die Information auf die leichte Schulter nähme, sogar erwägen, die Notbremse zu ziehen? Nur so, nämlich mit dem unbedingten Willen, die Wahrheit ans Licht zu bringen, selbst wenn sie überhaupt niemanden interessiert, könne die Menschheit auf Dauer überleben.

Ich entgegne ihm ungehalten, dass die Wahrheit etwas völlig Relatives sei. Um ihn lächerlich zu machen, brüste ich mich damit, selbst schon ohne gültigen Fahrschein mit öffentlichen Verkehrsmitteln gefahren zu sein, obwohl das gar nicht stimmt. Zu meiner Freude leistet mir Zwetschkerl sofort Schützenhilfe. Sie gibt dem Mann sinngemäß zu verstehen, dass er ein alter Knacker sei und Unsinn brabble. Sie selbst finde Männer, die ohne Fahrschein Straßenbahn fahren, erregend.

So kommen wir ins Gespräch. Zwetschkerl und ich finden schnell heraus, dass wir uns beide vorstellen könnten, eine Nacht gemeinsam zu verbringen. Dann bricht unsere Unterhaltung ab.

Der alte Herr, der unser Gespräch von vorhin offensichtlich interessant fand und es wieder in Gang bringen will, meint, wir sollten uns doch gegenseitig vorstellen. Ich antworte, dass mich Namen nicht interessierten, weil ich mir diese ohnehin nicht merken könne. Zwetschkerl sagt schnippisch, sie heiße Pippi Langstrumpf. Die dicke Frau zieht ihr Kopftuch fester, sie ist aber nicht mehr hysterisch, sondern lehnt schluchzend am Fahrscheinautomaten.

Die Spannung, die sich zwischen uns allen und dem Automaten aufgebaut hat, ist abgeflaut. Das gibt mir Gelegenheit, Zwetschkerl genauer zu betrachten. Sie hat gleich auf den ersten Blick etwas erfreulich Ordinäres. Ich schätze sie auf gute vierzig. Alles an ihr ist rund, von den Wangen bis zu den Unterschenkeln. Besonders auffällig ist ihr Gesäß, das sich ungewöhnlich stark nach hinten wölbt und es ihr vielleicht einfacher macht, auf ihren hohen Absätzen die Balance zu halten. Oben registriere ich fülliges schwarzes Haar, darunter ein stark geschminktes, üppiges Gesicht.

Während ich noch angestrengt versuche, aus den Konturen am Kostüm Rückschlüsse auf die Art und Form von Zwetschkerls Unterwäsche zu ziehen, taucht die Straßenbahn am Horizont auf. Plötzlich nimmt die dicke Frau Anlauf und platscht bäuchlings auf die Schienen, nicht ohne einen wilden Fluch gegen die Linzer ESG und ihre Fahrscheinautomaten auszustoßen.

Die Straßenbahn fährt mit unverminderter Geschwindigkeit weiter. Ich komme nicht einmal auf den Gedanken, rettend einzugreifen. Zu überraschend ist für mich die Vorgangsweise, die technische Unzulänglichkeit eines Fahrscheinautomaten mit einem das eigene Leben extrem gefährdenden Verhalten zu beantworten. Das ist überhaupt eine

Schwäche, die mir manchmal als fehlende Geistesgegenwart ausgelegt wird. Ich gehe grundsätzlich von einem vernünftigen Gang der Dinge aus und setze mich damit regelmäßig über meine Sinnesorgane hinweg, die einen völlig anderen Eindruck von dieser Welt vermitteln.

In diesen Sekunden erreicht die Straßenbahn die Haltestelle. Mit einem Schlag wird deutlich, dass sich die Dicke auf das falsche Gleis gestürzt hat. Der Straßenbahnfahrer, dem das vielleicht öfter unterkommt, lächelt höhnisch – und mir scheint, auch etwas geringschätzig – von seinem Sitz herunter. Als niemand einsteigt, fährt er weiter und deutet in die Gegenrichtung, als wolle er sagen, dass diese Linie für die dicke Frau zuständig sei.

Aus der Straßenbahn ist ein junger Mann, ein braungebrannter Geck, in eleganter Hose und geschmacklos buntem Leiberl ausgestiegen. Statt sich Gedanken zu machen, ob das Oberteil zu seiner Hose passt, stürzt er sich sogleich auf die dicke Frau. Es ist leicht zu erraten, dass er damit die Absicht verbindet, sie von den Schienen wegzuschaffen. Die unvermutete Konkurrenz um die gute Tat fährt mir gehörig in die Glieder.

österr. für T-Shirt, Leibchen, spielt im Tarockjargon an sich keine Rolle, sehr wohl aber beim Fußball, dort vor allem als Stamm- oder Fixleiberl

Sekunden später stehe auch ich bei der Frau. Da ich eine tiefe Abscheu gegen sein plötzliches Dazwischentreten, seine Wichtigtuerei und überhaupt seine ganze Person empfinde, halte ich zu meinem Rivalen möglichst Abstand und ziehe an den Beinen der Dicken, während er versucht, sie an den Schultern hochzuheben.

Physikalisch gesehen ist der von uns eingeschlagene Weg Unfug. Als ich fester ziehe, gleitet ihm der Körper aus den Händen, sodass die Frau mit dem Kopf auf dem Boden aufschlägt. Glücklicherweise hat er sie ihres Gewichtes wegen nicht besonders hoch stemmen können. Außerdem hat ihr geblümtes Kopftuch den Aufprall gedämpft und sie vor erkennbaren Verletzungen bewahrt. So ziehe ich weiter an den Beinen, zumal ich die Chance auf den Triumph wittere, sie alleine und vor den Augen meines hilflosen Widersachers zu retten. Auf einmal habe ich aber nur mehr einen Schuh in der Hand. Ich verliere das Gleichgewicht und taumle ein paar Schritte zurück. Erschrocken starre ich auf ihren nackten Fuß.

Ich kann mir in diesem Augenblick nichts Demütigenderes vorstellen, als barfuß von einer Straßenbahn überfahren zu werden. Sollten meine verzweifelten Anstrengungen, Gutes zu tun, am Ende den gegenteiligen Effekt haben? Sollte ich gar zum Handlanger für die Scheußlichkeiten des Schicksals werden?

Ich beeile mich, der dicken Frau den Schuh, so gut es geht, wieder anzuziehen. Dieser Akt der Fürsorge macht ihr Mut, ihre Sicht der Dinge darzulegen. Sie, die unser Gezerre bisher ohne jeden Kommentar über sich ergehen hat lassen, fühlt sich jetzt imstande, uns endlich in ihre Überlegungen einzuweihen.

Sie empfinde die Fehlfunktion des Fahrscheinautomaten als den negativen Höhepunkt ihres verpfuschten Lebens, flüstert sie. Gescheiterte Beziehungen, ein seit ihrer Kindheit gestörtes Verhältnis zu ihrem fetten Körper. Und nun das. Sie fühle sich zutiefst verletzt, weil der Automat ausgerechnet in ihrem Fall das Wechselgeld verweigert habe. Man müsse verstehen, dass das Erleiden derartiger Ungerechtigkeiten ein Weiterleben unmöglich mache.

Ich finde, sie übertreibt, behalte das aber vorläufig für mich. Der ältere Herr nickt verständig und meint, man hänge ohnehin viel zu sehr am Leben. Auch ich gerate jetzt ins Schwanken: Es sind doch gerade die Regeln, aus denen wir uns eine Art Lebenssinn konstruieren, und so kann es einen schon aus der Bahn werfen, wenn man aus heiterem Himmel von einer eindeutigen Regelwidrigkeit betroffen ist. Während ich beginne, die Reaktion der dicken Frau als situationsadäquat zu empfinden, greift der junge Schnösel wieder störend in die Situation ein. Er bietet ihr an, das Wechselgeld, das der Fahrscheinautomat vorenthalten hat, aus eigener Tasche zu ersetzen. Sie lehnt entrüstet ab.

Dann wird es ernst. Die Straßenbahn kommt jetzt aus der richtigen Richtung und damit auf dem Gleis,

auf dem noch immer die dicke Frau liegt. Als wir sie mit vereinten Kräften davon schaffen, ist sie aufgrund der Heulerei so entkräftet, dass sie keinen Widerstand mehr leistet.
Wir heben sie auf die Bank im Wartehäuschen, wo sie mit ratlosem Gesichtsausdruck und leicht in Schieflage geratenem Kopftuch sitzen bleibt.
Während ich aus einer moralischen Verpflichtung heraus versuche, das Kopftuch zurechtzurücken, steigt Zwetschkerl in die Straßenbahn. Ihr üppiges und beim Aufstieg über die Stufen geradezu schlingerndes Gesäß lässt in mir das Verlangen übermächtig werden, ebenfalls in die Straßenbahn einzusteigen.
Ich beeile mich, ihr nachzukommen. Es ist die pure Triebhaftigkeit, die mich dazu bringt, ihr ein Kompliment zu machen. Da mir nichts anderes einfällt und ich nicht wage, die Rede auf ihr Gesäß zu bringen, lobe ich die Farbe ihrer Handtasche. Sie reagiert sofort, stellt sich – diesmal im Unterschied zum Geplänkel vorhin an der Station mit ernsthafter Miene – als Zwetschkerl vor und will auch meinen Namen wissen. Mir ist eher nach spielerischer Unverfänglichkeit zumute. Ich empfinde ihre Frage daher in diesem Augenblick als unangenehme Zudringlichkeit und weiche aus, indem ich sie entzückt auf einen an der Fensterscheibe klebenden Vogeldreck in Form eines Frauenkopfes aufmerksam mache. Irgendwie bezieht sie auch diese Bemerkung auf sich und empfindet sie neuerlich als Kompliment.

Sie lacht herzlich auf, sodass ich Gefahr wittere, gegen meinen Willen überfallsartig in eine verbindliche Beziehung zu tappen. Dazu wispert sie, ihr gefielen Männer mit Fantasie, womit sie den Rest von noch zwischen uns bestehender Distanz ins Wanken bringt.

Als wir in die nächste Haltestelle einfahren, wird neben uns ein Sitzplatz frei. Zwetschkerl meint, ich solle mich setzen und sie auf den Schoß nehmen. Mich ängstigt die Vorstellung, in meiner Bewegungsfreiheit eingeschränkt und ihr physisch praktisch ausgeliefert zu sein. Ich schlage daher vor, es genau umgekehrt zu machen: Sie solle sich setzen und ich lasse mich auf ihrem Schoß nieder. Ob ich verrückt geworden sei, fragt sie. Ich verneine wie aus der Pistole geschossen, was sie scheinbar überzeugt.

Zwetschkerl setzt sich also und zieht mich auf ihren Schoß. Etwas unbeholfen plumpse ich auf ihre Schenkel und wage kaum zu atmen, in der völlig aus der Luft gegriffenen Annahme, dadurch leichter zu werden.

Ich sitze angenehm weich. Schon bin ich versucht, ein Wiedersehen zu vereinbaren, beschließe dann aber, die Fortsetzung unserer Verbindung dem Zufall zu überlassen. Unangenehm ist nur, dass ich gegen meine Gewohnheit verkehrt zur Fahrtrichtung sitze. Das mache ich sonst nur bei Zugfahrten und auch nur, wenn ich in depressiver Stimmung bin. Dann beschwöre ich in meiner Fantasie eine Notbremsung herauf, lasse die Koffer von der gegenüber liegenden Ablage auf mich herabstürzen und entweder meinen Brustkorb oder – bei besonderer Niedergeschlagenheit – gleich meinen ganzen Schädel samt Hirnmasse zerquetschen.

Ich bemerke, dass mich die Leute rundum mehr oder minder unverhohlen anstarren. Jetzt erst wird mir die Ungewöhnlichkeit meiner Sitzposition bewusst.

Da kommt mir wieder einmal das Schicksal zu Hilfe. Laut vor sich hinbrummend nähert sich ein Riese mit langen, fetten Haaren. Er schleppt eine Statue mit sich, die er alle paar Schritte absetzt, weil sie offenbar sehr schwer ist. Es handelt sich um einen lebensgroßen nackten Jüngling im Stil griechischer Bildhauerkunst, an dem zwei Dinge ins Aug springen: Zum einen hat ihm der Künstler einen großen, geradezu wuchtigen Penis zugedacht, noch dazu – für eine antike Statue ungewöhnlich – in erigiertem Zustand. Zum anderen fällt die Tätigkeit, die der Jüngling verrichtet, völlig aus der Norm. Während griechische Plastiken üblicherweise Diskuswerfer oder Schwertkämpfer darstellen, hat diese hier ein Bündel Tarock-Spielkarten in der linken Hand und zielt mit einer von der rechten Hand umfassten, dem Kenner als Gstieß bekannten Karte weit ausholend auf eine imaginär vor ihm liegende Tischfläche.

Jetzt hebt der Riese an, einem Wanderprediger gleich die Vorzüge des Tarockspiels zu preisen. Er stellt von Beginn an klar, dass seine Huldigung allerdings nur

die Spielvariante des Königrufens einschließt. Damit kann ich gut leben, weil das Königrufen das einzige auch mir einigermaßen geläufige Tarockspiel ist.
Trotzdem kommt mir der ganze Auftritt in hohem Maße seltsam vor. In Großstädten gehört es zum Alltag, dass Musikanten U-Bahnen als Konzertsaal benutzen und die Fahrgäste mit mehr oder weniger gefälligen Tönen beglücken. Eine Linzer Straßenbahn als Bühne für einen öffentlichen Auftritt ist hingegen ungewöhnlich. Ich kann mich lediglich an geschäftstüchtige Sternsinger erinnern, die mit ihren hellen Stimmen einmal von Waggon zu Waggon gezogen sind. Damals hatte ich die, wenn auch nie umgesetzte Idee, Studenten könnten wie in Fußballstadien Popcorn und Salzgebäck in Straßenbahnen zum Verkauf anbieten.

Das Tarockspiel, brüllt der Wanderprediger weiter, sei wie das richtige Leben. Genau genommen sei es sogar das richtige Leben. So neige man auch nach Jahrzehnten Spielerfahrung dazu, den Inhalt des Talons zu überschätzen, obwohl man doch insgeheim wisse, dass es im richtigen Leben wie beim Tarockspiel im Wesentlichen nur unangenehme Überraschungen gibt. Wie oft im richtigen Leben stehe beim Tarock mit dem Gstieß ein Kasperl an der Spitze.
Und, um noch deutlicher zu werden: Die für das Königrufen namensgebenden Ruferspiele seien doch nichts anderes als eine Allegorie auf die Liebe. Wie

[Königrufen]
ist die in Österreich übliche Variante des Tarockspiels mit vier Mitspielern. Sie wurde am Beginn des 19. Jhs. entwickelt. Die Bezeichnung „Königrufen" kommt daher, dass bei Spielansagen, bei denen jeweils zwei Spieler gegeneinander spielen, derjenige zum Partner des Spielaufnehmers wird, der den König in der von diesem bezeichneten (gerufenen) Kartenfarbe in Händen hält.

[Talon]
Beim „Königrufen" erhält jeder Spieler 12 Karten, 6 Karten kommen in den Talon. Der Talon dient dazu, das Blatt des Spielaufnehmers zu verbessern.

[Kasperl]
Der in Österreich verwendete Spielkarten-Typus „Industrie und Glück – Tarock" leitet sich aus dem „Chinesen-Tarock" ab. Der Gstieß wird dabei als Harlekin mit Krummsäbel dargestellt, in seiner Linken ein Hut, auf dem ein kleinerer chinesischer Harlekin balanciert.

[Ruferspiele]
Wenn die Karten des Spielers gut genug sind, um alleine gegen die anderen drei Mitspieler gewinnen zu können, wird ein „Dreier" gespielt. Ist das nicht der Fall, ruft er eine der vier Kartenfarben (daher Ruferspiel). Der Mitspieler, der den König der gerufenen Kartenfarbe in Händen hat, wird damit zum Spielpartner (daher wird diese Variante des Tarock als „Königrufen" bezeichnet). Der rufende Spieler muss natürlich hoffen, einen Partner zu wählen, der über ein starkes Kartenblatt verfügt.

im richtigen Leben suche man auch beim Ruferspiel nach einem verlässlichen Partner, mit dem sich im Bestfall eine für beide Seiten vorteilhafte Beziehung ergibt. Das richtige Leben sei daher ein billiger Abklatsch des Tarockspiels, grölt der Wanderprediger. Das richtige Leben sei nur ein lächerlicher Versuch, das Tarockspiel nachzuahmen, erklärt er und lacht dabei höhnisch und glucksend auf, da gebe es nichts zu beschönigen, so sei es nun einmal. Statt ständig daran zu arbeiten, das Leben zu meistern, oder gar zu meinen, dauernd Gutes tun zu müssen – an dieser Stelle zucke ich, noch immer auf Zwetschkerls Schoß, zusammen –, solle die Menschheit sich lieber darauf konzentrieren, das Tarockspiel besser zu erlernen.

Ich selbst bin zwar kein sonderlich geübter Tarockspieler, aber seine Ausführungen kommen mir plausibel vor. Vielleicht hat es sich der liebe Gott mittlerweile anders überlegt, was den mir erteilten Auftrag, Gutes zu tun, anlangt, und der Wanderprediger ist eine Art Götterbote, ausgeschickt, um mir den Meinungsumschwung des Allmächtigen zu kommunizieren. Ich senke verlegen meinen Blick. Lieber Gott, wem soll ich jetzt glauben, schießt es mir durch den Kopf. Einem Wanderprediger, der eine Tarockstatue vor sich herschiebt, oder dem von dir gesandten Zeichen in Form eines Sonnenstrahls?

Unsinn, denke ich, und fasse mich schnell wieder. Die Offenbarungen aller Weltreligionen fordern mehr

oder weniger unverblümt dazu auf, Gutes zu tun, während sich meines Wissens keine Hinweise finden, die den Einzug ins Paradies von Tarockfertigkeiten abhängig machen. Ich nicke, um dem lieben Gott zu zeigen, dass ich nicht vom Weg abgekommen bin.
Ich habe nicht bedacht, wie gefährlich es ist, in Gegenwart von Eiferern Zustimmung zu zeigen. Der Wanderprediger bezieht das Nicken sofort auf sich. Er fühlt sich bestätigt und fängt an, mit noch lauterer Stimme mit seinen Tarockerfolgen zu prahlen. Niemandem sei es vor ihm gelungen, schreit er sich die Seele aus dem Leib, jahrzehntelang Jahr für Jahr den Mühlviertler Tarockcup für sich zu entscheiden. Das verdanke er dem Großen Gstieß, schreit er, und klopft der mannshohen Statue auf die Schulter. Der Große Gstieß sei nicht nur eine Skulptur, der Große Gstieß sei auch nicht bloß eine Tarocktrophäe, die dem Gewinner des Mühlviertler Tarockcups überreicht werde. Der Große Gstieß sei ein Tarockorakel. Wer ihn gewinnen will, sagt der Wanderprediger mit jetzt beängstigend düsterem Beiklang, der müsse vom Großen Gstieß selbst dazu auserwählt werden. An dieser Stelle pflanzt er sich vor Zwetschkerl und mir mitsamt seiner Plastik auf. Da beginnt Zwetschkerl, die offenbar darunter leidet, dass ich ihr meine Aufmerksamkeit zugunsten des Wanderpredigers entzogen habe, mich in einem Anfall kindischer Zudringlichkeit unter den Achseln zu kitzeln. Ich bin sehr kitzlig, besonders unter den Achseln, und fange

an, wie verrückt auf ihrem Schoß herumzuzappeln. Zwei alte Frauen, die gegenüber sitzen, schütteln den Kopf. Auch der Wanderprediger sieht mich stumm und betroffen an. Ich empfinde die Situation als ausgesprochen peinlich.

Zwetschkerl herrscht mich sehr bestimmt an, ich solle meine Telefonnummer herausrücken. Als ich nicht sofort reagiere, erhöht sie die Intensität der Kitzelattacke. Die Wirkung ist fürchterlich. Ohne mein Zutun bäumt sich mein Körper auf, fällt dann wieder in sich zusammen und schlägt schließlich mit dem Gesäß hart auf dem Boden auf.

Es klingt zwar seltsam, aber ich habe für einen kurzen Moment den Eindruck, als hätte sich die Statue nach mir umgedreht. Vor mir in Griffweite reckt sich das erigierte Glied des Großen Gstieß. Aus Rücksicht auf die beiden alten Damen wage ich aber nicht, mich daran hochzuziehen. Die beiden schütteln trotzdem missbilligend den Kopf, was noch vergleichsweise harmlos ist. Denn einige andere Fahrgäste brechen in zunächst zaghaftes, dann aber rohes Gelächter aus. Es verstimmt mich, dass auch Zwetschkerl mitlacht. Nach dem ersten Schreck wird mir bewusst, dass die neue Perspektive auch ihre interessanten Seiten hat. Von schräg unten hat die Welt etwas Lächerliches. Die unnatürlichen optischen Verkürzungen versetzen mich unversehens in einen milden Zustand der Melancholie. In dieser Stimmung erkenne ich Zwetschkerls halterlose Strümpfe. Der Gedanke an eine dauerhafte, allerdings stark geschlechtlich geprägte Beziehung flackert kurz auf. Ich verwerfe ihn aber sofort wieder, weil Zwetschkerl aufdringlich wird und wissen will, ob sie mir aufhelfen solle. Obwohl ich schroff ablehne, kommt sie jetzt so richtig in Fahrt und schlägt vor, wir sollten uns morgen wiedersehen. Damit hat sie einen wunden Punkt getroffen. Ich hasse nichts mehr, als in Zeitabläufe gepresst zu werden. Mir ist die Illusion heilig, jeden Tag aufzustehen und völlig frei über die Zukunft bestimmen zu können.

Dazu kommt, dass sich eine der beiden alten Damen von ihrem Sitz erhebt, auf mich zusteuert und mir einen festen Tritt in die Gegend meiner rechten Niere versetzt. Ich wage nicht, nach dem Grund dieser unfreundlichen Behandlung zu fragen. Es ist zu ahnen, dass sie sich zum einen an meiner ausgefallenen Position auf dem Boden stößt, zum anderen an Zwetschkerls Vertraulichkeiten, die ja keineswegs geflüstert, sondern für die Umgebung gut hörbar vorgetragen wurden.

Ich gebe mir einen Ruck, rapple mich auf und bleibe dabei, den Haltegriff, den mir der Große Gstieß entgegenstreckt, nicht in Anspruch zu nehmen. Das hat allerdings zur Folge, dass ich mich mit beiden Händen auf dem Boden abstützen muss und meine Handinnenflächen dementsprechend schmutzig werden. Aus lauter Zorn ziehe ich die Notbremse. Der Straßenbahnzug kreischt laut auf und hält ruckartig.

Einige Fahrgäste verlieren das Gleichgewicht und stürzen zu Boden. Insgeheim tadle ich sie dafür, dass sie vorschriftswidrigerweise nicht die Handschlaufen benutzt haben. Ich behalte diese Kritik aber bei mir, zumal mich eine andere, weit irritierendere Beobachtung in den Bann zieht. Nicht nur die Fahrgäste, auch der Große Gstieß hat den durch die Notbremsung ausgelösten mechanischen Kräften Tribut zollen müssen. Dem Aufprall ist sein gewaltiges Glied zum Opfer gefallen. Aber nicht nur das.

Was ich bei mieser psychischer Verfassung während meiner Zugfahrten heraufbeschwöre, ist jetzt Wirklichkeit geworden. Allerdings hat es nicht mich, sondern Zwetschkerl getroffen: Die Statue ist direkt auf sie gestürzt. So liegt Zwetschkerl rückwärts über die Sitzlehne gestreckt, in einer Haltung, die jede Natürlichkeit vermissen lässt. Aus ihrem Mund fließt Blut. Wie sich alles ändert. Es ist schwer vorstellbar, dass diese blutende Masse gerade eben noch um meine Telefonnummer gebettelt hat.

Ich habe bis zum heutigen Tag noch nie einen Toten gesehen. Trotzdem ist mir sofort klar, dass Zwetschkerl nicht mehr am Leben ist. Ich verzichte daher auf irgendwie geartete Rettungsversuche und verlasse nachdenklich die Straßenbahn. Als ich mich noch einmal umdrehe, fährt sie gerade aus der Station, und ich kann den Wanderprediger nicht mehr sehen.

5.

Die Gegend, in der ich die Straßenbahn verlassen habe, ist mir völlig fremd. In diesen Teil der Stadt bin ich noch nie gekommen. Eine Menge Wohnblöcke umgeben mich, auf der Straße aber ist weit und breit niemand zu sehen.
Realistisch gesehen bin ich in Gefahr. Da ich meinen Auftrag, Gutes zu tun, nach wie vor ernst nehme, kann ich Hindernisse, die sich mir in den Weg stellen, überhaupt nicht brauchen.
Für unsere Zeit ist typisch, dass sich die Menschen mit dem Schicksal nicht abfinden wollen. Freilich, die tote Zwetschkerl, deren Kopf von einer überlebensgroßen Tarockfigur in Brei verwandelt wurde, ist kein alltäglicher Anblick in einer Linzer Straßenbahn. Es wäre daher zu viel verlangt, von den Fahrgästen zu erwarten, einfach an ihrem Fahrziel auszusteigen und Zwetschkerl der gegen Mitternacht stattfindenden Endreinigung zu überlassen. Vielmehr ist zu vermuten, dass eine Gruppe von Wichtigmachern darauf bestanden hat, den Vorfall der Polizei zur Kenntnis zu bringen, obwohl diese nicht für das Schicksal zuständig ist und auch gar nicht die Mittel hat, dem Schicksal eine Wendung zu geben.
Ich kenne das von meinen Strafverteidigungen nur zu gut. Obwohl sie genau wissen, dass sie gegen das Schicksal nichts ausrichten können, werden die Polizeibeamten nicht zögern, sofort anzurücken. Auch

darin liegt Wichtigtuerei. Vor allen Dingen aber gibt es dem Fahrer des Polizeiautos Gelegenheit, das Blaulicht einzuschalten und nach Herzenslust durch die verstopfte Stadt zu bolzen.

Wenn sie am Unglücksort eintreffen, vergeht den Beamten üblicherweise der Spaß. Dann sind sie umringt von Schaulustigen, die alle mehr oder weniger Steuern zahlen und erwarten, dass etwas geschieht. Obwohl den Beamten sofort klar sein wird, dass es eine Statue war, die Zwetschkerl ins Jenseits befördert hat, und auch dem dümmsten Polizisten bekannt sein wird, dass man eine Statue nicht ernsthaft strafgerichtlich verfolgen kann, wird man eine Fahndung einleiten. Man wird dem Wanderprediger nachjagen, der ohnehin schon darunter leidet, dass nicht nur Zwetschkerl, sondern auch seine Gipsfigur Schaden genommen hat. Und man wird auch nach mir Ausschau halten, obwohl ich nur das getan habe, was Notbremsen in kritischen Situationen von Fahrgästen erwarten dürfen.

Noch unangenehmer ist mir aber eine andere Vorstellung: Der Wanderprediger könnte sich wegen der unfreiwilligen Komplizenschaft in Zusammenhang mit Zwetschkerls Tod an meine Fersen geheftet und mich unbemerkt verfolgt haben.

Eine solche auf Zufälligkeit beruhende Komplizenschaft kann der Beginn einer lebenslangen Freundschaft sein. Genauso gut kann es aber sein, dass der Wanderprediger den ganzen Vorgang unerfreulich findet und mich als unerwünschten Zeugen beseitigen will.

Ich muss zugeben, diese Unsicherheit hat etwas Prickelndes. Letztlich überwiegt aber die Angst vor einem Lauf der Dinge, der sich meiner Kontrolle entzieht. Mein Hirn ist darauf eingerichtet, in allem Zukünftigen die Komplikationen vorauszusehen. Meine Angst wächst sich daher immer sehr schnell zu Panik aus.

Mit unruhigem Atem bleibe ich alle paar Meter stehen, um mich dann wie in einem Nahkampf mittels eines ruckartigen Sprungs umzudrehen. Gleich beim ersten Mal erschrecke ich damit ein kleines Kind, das gerade hinter mir auf einem Dreiradler aus einer Hofeinfahrt rollt. Es fängt zu weinen an, und ich komme mir schäbig vor.

Vieles geht mir durch den Kopf. Ich bin ein gejagter Jäger. Dieser starke Antrieb, Gutes zu tun, und dabei die Gewissheit, dass es irgendwo jemanden gibt, der dringend meiner Hilfe bedarf. Anstatt mir das Leben schwer zu machen, müsste man mir ein Blaulicht aufsetzen und alle Leute sollten zur Seite springen.

Aber ich spüre, dass mich die Menge für schuldig hält. Obwohl ich nichts Anderes getan habe, als in einer Notsituation die dafür vorgesehene Maßnahme zu setzen. Natürlich empfindet jeder anders, und Bedrohung ist daher etwas sehr Subjektives. Wenn jemand eine sitzende Tätigkeit ausübt und beide Beine verliert, findet er vielleicht nicht so viel dabei oder kann diesem Schicksal sogar etwas Positives abgewinnen, etwa weil er seine Schuhe nicht mehr putzen muss. Für einen Langstreckenläufer hingegen wäre die Amputation seiner Beine wiederum ein einschneidendes und beklagenswertes Ereignis.

Ich bin mittlerweile in einer Fußgängerzone gelandet. Hier sind eine Menge Leute auf der Straße, was zwar – nüchtern betrachtet – in Zusammenhang mit den hier vorzufindenden Einkaufsmöglichkeiten steht, in mir aber trotzdem die Angst verstärkt, unter diese Leute könnten sich Handlanger des Wanderpredigers mit dem Auftrag gemischt haben, mich unerkannt zu beobachten.
Ich versuche mir einige Menschen einzuprägen. Mir fällt ein grauhaariger Mann auf, der zwar auf einen Stock gestützt geht, aber so schnell vorankommt, dass ich ihn kaum einhole. Als es mir dann doch gelingt und ich an ihm vorbeigehe, erkenne ich den alten Knacker von der Straßenbahn-Haltestelle. Das kann kein Zufall sein, denke ich. Ich darf jetzt keine Spuren hinterlassen.
An der nächsten Kreuzung biege ich daher in eine Seitenstraße ab. Dabei gebe ich mir Mühe, meine Absichten möglichst spät erkennbar werden zu lassen. Meine Strategie besteht darin, zunächst zu warten, bis die Fußgängerampel auf Grün umschaltet und ein Überqueren der Straße gestattet. Wenn es Grün wird, mache ich aber – eine Irritation für jeden Verfolger –

halb kehrt und stürme mit raschen Schritten über den anderen Schutzweg, bei dem die Ampel auf Rot steht.

In dieser Gegend gibt es praktisch an jeder Kreuzung eine Ampel, sodass ich von meiner Strategie wiederholt Gebrauch machen kann. Nach ich weiß nicht mehr wie vielen Kreuzungen habe ich die Orientierung verloren. Noch mehr alarmiert mich, dass ich wenig später – ich bin wieder einmal in die andere als angedeutete Richtung abgebogen – dem älteren Herrn wieder begegne. Ich entschließe mich, das Gesetz des Handelns an mich zu reißen, trete ihm in den Weg und mache ihm klar, dass ich seine Absichten durchschaut habe. Er sieht mich mit einer Mischung aus Verblüffung und Aufsässigkeit an, die mich sofort gegen ihn aufbringt. Wütend stelle ich ihn zur Rede. Dabei vergesse ich mich für einen Augenblick und trete heftig gegen sein Schienbein. Er nimmt den Tritt nur widerwillig hin, bleibt aber trotzdem gefasst.

Er sagt, dass er sich schwer tue, meine Reaktion zu deuten, zumal ihm die von mir genannte Zwetschkerl dem Namen nach nicht bekannt sei. Dann bedauert er, mir den Eindruck einer Verfolgung vermittelt zu haben, und versichert, hier einfach zu wohnen.

Ich bleibe misstrauisch und bestehe auf einem eindeutigen Beweis. Nach kurzem Zögern lädt er mich ein, mit in seine Wohnung zu kommen. Das klingt ehrlich. Ich weiß gleich, dass er die Wahrheit sagt und weder mit Zwetschkerl noch dem Wanderprediger etwas zu tun hat. Trotzdem beschließe ich, mir die Wohnung anzusehen. Vielleicht kann ich mich dort für die Unannehmlichkeiten, die er mir bereitet hat, rächen.

Seine Wohnung ist so, wie ich sie mir vorgestellt habe: vollgestopft mit Krimskrams, jedes Teil feinsäuberlich abgestaubt, am richtigen Platz und geschmacklos. An den Wänden hängen zu meiner Erleichterung zwar keine Ölbilder mit Salzkammergutlandschaften, immerhin aber Blumenaquarelle. Mir kommt eine teuflische Idee. Der Mann soll es nicht noch einmal wagen, mir Angst einzujagen! Gleichzeitig will ich mich bei allem Ärger nicht von meiner Mission, Gutes zu tun, abbringen lassen. Es muss mir also gelingen, das Nützliche mit einer Gemeinheit zu verbinden.

Um jeden Widerspruch im Keim zu ersticken, bitte ich ihn in scharfem Ton um Hammer und Zange. Eilfertig schleppt er beides heran und gibt dabei unverständliche Laute von sich, die ich als Frage nach dem Zweck der Werkzeuge interpretiere.

Ich gehe gar nicht darauf ein. Ohne ein Wort zu sagen, nehme ich sämtliche Aquarelle ab. Dann beginne ich, die Nägel vorsichtig aus der Wand zu ziehen. Ich schaffe es, keinen einzigen zu verbiegen. So ist es ein Leichtes, die Nägel an anderer, nach meinem Dafürhalten passenderer Stelle wieder in die Wand zu schlagen. Jetzt ist es Zeit, die Aquarelle an ihrem neuen Platz aufzuhängen. Der Alte sieht mir mit weit aufgerissenen Augen zu, gibt aber keinen Ton von sich.

Als er immer blasser wird, bekomme ich es mit der Angst zu tun, er würde sich für meine Bosheit mit einem Herzstillstand revanchieren. Ich stelle daher mein Wirken ein, noch bevor ich es zu Ende gebracht habe, und verlasse die Wohnung grußlos.

Wieder auf der Straße, kommt mir mein Verhalten lächerlich vor. Meiner langjährigen beruflichen Erfahrung nach ist die österreichische Polizei viel zu behäbig, um unverzüglich Nachforschungen anzustellen. Wahrscheinlich wird es Tage dauern, bis man sich einen Überblick verschafft hat. Bis dahin wird man mich ziemlich sicher in Ruhe lassen. Und auch der Wanderprediger wird derzeit andere Sorgen haben, als Jagd auf mich zu machen und mich zur Verantwortung zu ziehen. Abgesehen davon, dass er meinem Eindruck nach ohnehin nur das Tarockspiel im Sinn hat, wird ihm der Verlust seiner Statue Kopfzerbrechen machen, aber auch der Vorfall mit Zwetschkerl wird ihm nahegehen. Natürlich sind wir alle erwachsen und wissen, dass es manchmal blöd hergehen kann. Trotzdem ist es nicht lustig, wenn sich Lebenswege kreuzen und dadurch ein Unglück geschieht. Das kann einen sehr traurig machen.

Vielleicht bin ich daher – zumindest noch – kein Verfolgter. Vielleicht verschleudere ich sinnlos Lebensqualität, indem ich mich von einem Phantom jagen lasse. Vielleicht übersehe ich dabei sogar die eine oder andere Chance, meinem Auftrag nachzukommen und Gutes zu tun.

Auf meinem Weitermarsch sehe ich, wie jemand im obersten Stockwerk eines Wohnhauses schnell die Vorhänge zuzieht. Schlagartig wird mir klar, dass ich mich doch nicht geirrt habe. Naivität in dieser Situation wäre fatal. Natürlich lässt er mich beobachten. Als mich dann auch noch eine Gelse in die Wange sticht, bilde ich mir ein, der Wanderprediger hätte auch sie auf mich gehetzt. Trotz und Verzweiflung bringen mich dazu, das durch einen reaktionsschnellen Schlag getötete Tier langsam zwischen den Fingern zu zerreiben.

Unsinn. Bestimmt lässt er mich nicht beobachten. Vor knapp zwei Stunden konnte er noch gar nicht wissen, dass seine Statue Zwetschkerl erschlagen würde. Und mehr als zwei Stunden bräuchte man auf jeden Fall, um eine Observierung, wie ich sie mir gerade ausmale, vorzubereiten. Nüchtern betrachtet ist es unwahrscheinlich, dass die Menschen versammelt auf der Seite des Wanderpredigers stehen. Nüchtern betrachtet ist es einfach die prinzipielle Feindseligkeit des typischen Stadtbewohners, die mir hier entgegenschlägt. Ich bin gekommen, Gutes zu tun. Aber die Menschen wissen das nicht zu schätzen.

Stechmücke, in Deutschland oft als Schnake bezeichnet

Oder doch. Ich wünschte mir, das Kleinkind, das ich so erschreckt habe, würde jetzt auftauchen und mich um einen Gefallen bitten. Aber das Schicksal meint es gerade besser mit mir. Während ich so dahin sinniere, spricht mich eine Frau an. Sie ist jung und bildhübsch. Ihr Büstenhalter sei aufgegangen, sagt sie. Ob ich so nett sein könnte, ihn zu schließen. Ich nicke, noch immer in Gedanken verloren. Sie dreht sich um und wendet mir den Rücken zu. Vorsichtig öffne ich den Reißverschluss ihres Kleides. Obwohl ich nicht besonders geschickt bin, gelingt es mir sofort, den BH wieder ordentlich einzuhaken.

Ein rauschhaftes Glück befällt mich. Neuerlich spüre ich, wie schön es ist, Gutes zu tun. Wäre ich Arzt, würde ich auf der Stelle, ohne erst meine Koffer zu packen, mit dem Taxi zum Linzer Flughafen fahren und so schnell wie möglich über Frankfurt in ein schwarzafrikanisches Urwaldspital reisen. So aber bin ich gezwungen, hier weiter Ausschau zu halten. Die Frau bedankt sich und geht weiter.

Mit dem Etwas-Gutes-Tun verhält es sich allerdings wie mit besonders süßen Mehlspeisen. Überkommt einen nach deren Genuss ein Heißhunger nach einem Essiggurkerl, drängt es einen nach Abschluss einer guten Tat, wenn schon nicht nach einem Verbrechen, zumindest nach einer Unanständigkeit. Ich überlege, ob ich vielleicht den geliebten Dackel einer Passantin mit einem festen Tritt vor ein Auto schleudern könnte oder einer Krebskranken die Perücke zum Kopf

Kurzbezeichnung für Tabaktrafik, darunter wird in Österreich eine Verkaufsstelle von Tabakwaren und Zeitungen verstanden, ältere Lexika kündigen auch den Verkauf von Briefmarken an, was nicht mehr der Realität entspricht.

reißen. Aber wie erkennt man so schnell, wer krebskrank ist und eine Perücke trägt?

In der Auslage einer Trafik fällt mir eine Packung Tarockkarten auf. Auf dem Umschlag ist der Gstieß abgebildet. Der Gstieß ist die höchste Karte beim Tarockspiel, also das Blatt, das alle anderen sticht. Der Gstieß ist aber auch mein Schicksal, sage ich zu meinem Leben.

Kurz entschlossen betrete ich das Geschäft. Eine Packung Tarockkarten, verkünde ich und bestehe darauf, genau jene aus der Auslage zu bekommen. Dies verschafft mir unvermutet Gelegenheit zur Schadenfreude, weil die Trafikantin, um an die Karten zu kommen, Verrenkungen in der Vitrine vollführen muss und dabei einen Pfeifenständer umwirft, der wiederum auf eine teure Meerschaumpfeife fällt, die dabei zu Bruche geht. Als die Trafikantin wiederholt den Begriff „Scheiße" in den Mund nimmt, schüttle ich missbilligend den Kopf. Zur Strafe ziehe ich einen Euro vom Verkaufspreis ab.

Ich biege um die nächste Ecke, wo die Straße wieder belebter wird. Nie habe ich verstanden, weshalb sich in Städten die Leute nicht gleichmäßiger verteilen, wozu sie ihr Instinkt eigentlich leiten müsste. Stattdessen kommt es an Stellen, wo man es gar nicht erwarten würde, zu regelrechten Bevölkerungsverklumpungen.

Rundherum tauchen auf einmal Menschen auf. Mir wird heiß. Ist es das Herumhetzen, das ich nicht mehr gewöhnt bin? Oder ist es einfach nur der Hass, der sich von allen Seiten über mich ergießt? Ich habe Angst, er könnte eskalieren und jemand würde plötzlich über mich herfallen und mir ein Messer in den Bauch rammen. In solchen Momenten prüfe ich instinktiv, ob ich auf den Tod vorbereitet bin. Mir ist wichtig, dass ich saubere Unterwäsche trage, wenn ich tot aufgefunden werde. Jedenfalls keine pornografischen Zeitschriften eingesteckt habe und keine Speisereste zwischen den Zähnen. Beruhigt stelle ich fest, dass alles in bester Ordnung ist und ich dem Tod getrost ins Auge sehen kann.

Bei so vielen Leuten ist es schwer zu entscheiden, wem ich sympathisch bin und wer es möglicherweise in irgendeiner Form auf mich abgesehen hat. Ich muss mich in Sicherheit bringen. Allein sein, mich von dieser Menschenmasse entfernen, um wieder ruhig denken zu können. So fällt mir spontan ein, im nächsten Laden, an dem ich vorbeikomme, zu verschwinden. Es ist ein Sexshop.

Ich ziehe den Kopf ein, verweigere dem freundlichen Burschen an der Kasse den Gegengruß und schleiche in eine der Kabinen am Ende des Raums. Es ist stockfinster. Vor mir flimmert ein Bildschirmtext, der mich einlädt, wahlweise Münzen einzuwerfen oder Fünf- bzw. Zehn-Euronoten. Ich verriegle die Tür und weiß, jetzt bin ich alleine, unbeobachtet und in

Sicherheit. Es ist, als würde sich mein Körper mit Glück vollsaugen. Zufrieden schließe ich die Augen und schlafe ein.

6.

Ich muss fast eine Stunde geschlafen haben. Jetzt fühle ich mich deutlich entspannter und belohne mich dafür, indem ich einige Münzen, die ich eingesteckt habe, in den Schlitz werfe.
Vor mir beginnt sich eine rothaarige Stupsnase zu räkeln, die nach herkömmlichen Vorstellungen für diese Art von Beschäftigung eigentlich zu alt ist. Für mich ist das in Ordnung. Ich suche bei Frauen nie das Unschuldige, sondern viel lieber die Spuren, die das Leben in Geist und Körper hinterlassen hat. Hier hast du, was die Spuren betrifft, ordentlich zugeschlagen, flüstere ich meinem Leben anerkennend zu. Nachdem die Münzen aufgebraucht sind, halte ich daher einen Zehn-Euro-Schein für angemessen. Automaten schlürfen, wenn sie Geldscheine zu sich nehmen. Das erinnert mich daran, dass ich das Haus ohne Frühstück verlassen habe, in der Absicht, Gutes zu tun. Stattdessen habe ich in der Straßenbahn die Notbremse gezogen und in weiterer Folge Zwetschkerl erschlagen.
Jetzt sitze ich in einer Peep-Show und starre auf eine nackte Vierzigjährige, was man nur unter ganz be-

sonderen Umständen als gute Tat deuten kann. Solche Umstände liegen aber wohl nicht vor.
Die Woche hat gerade erst begonnen, es ist noch nicht einmal Mittag, und ich habe bereits Schuld auf mich geladen. Das drückt auf mein Gemüt. Andererseits ist nicht zu leugnen, dass mir dabei eine besondere Rolle zufällt. Das Unglück, das ich angerichtet habe, verschafft mir die Gewissheit, Werkzeug einer höheren Macht zu sein. Plötzlich hat es auch eine besondere Bedeutung, dass ich abermals einen Zehn-Euro-Schein opfere.
In der Hochstimmung, in der ich mich befinde, ergibt auf einmal alles einen Sinn. Es ist daher nur logisch, dass ich mich entschließe, das zuvor gekaufte Kartenspiel aus der Hosentasche zu ziehen, den Gstieß herauszusuchen und ihn der noch immer tanzenden Stupsnase durch einen Schlitz in der Glasscheibe zuzuschieben. Sie dankt, indem sie mir ihren Hintern aufreizend entgegenstreckt und mir freie Sicht auf ein mit Eiter gefülltes Wimmerl bietet. Ich überlege, ob es eine gute Tat wäre, das Wimmerl auszudrücken, und wie ich ihr dieses Angebot unterbreiten könnte.

Ugs. für Pickel, Pustel

Der Plan erübrigt sich schnell. Sie wirft den Gstieß achtlos zur Seite und tippt sich erkennbar verärgert und ohne erotischen Bezug auf die Stirn. Ich vermute, dass sie anstelle der Tarockkarte einen Geldschein erwartet hat. Meine Stimmung bricht in

sich zusammen. Obwohl noch ein Guthaben besteht und jetzt eine jüngere Tänzerin auftritt, verlasse ich die Kabine enttäuscht.
Ich bin dir wieder auf den Leim gegangen, raune ich meinem Leben zu. Wenn es einen größeren Plan gibt, dann bin ich bestimmt nicht das dazugehörige Werkzeug. Bestenfalls ein Inbusschlüssel, wie man sie bei Selbstbaumöbeln mitbekommt und die dann nirgendwo passen. Ich bin verbittert, als ich den Laden verlasse.

7.

Draußen sitzt zu meiner Bestürzung der Wanderprediger mit den langen, fetten Haaren auf einer Bank und starrt geradewegs auf den Eingang des Sexshops. Als ich genauer hinsehe, bin ich beruhigt. Nein, es ist nicht der Wanderprediger. Der Mann sieht ihm zwar ähnlich, ist aber deutlich schlanker, als ich den massigen Wanderprediger in Erinnerung habe.
Trotzdem ist es mir peinlich, beim Verlassen eines Sexshops beobachtet zu werden. Ich habe das Gefühl, mich rechtfertigen zu müssen, gehe auf den Mann zu und spreche ihn an. Ich hätte mich verlaufen, erkläre ich ihm noch wahrheitsgemäß, weshalb ich hier nach dem Weg gefragt hätte.
Er lacht höhnisch auf. Es sei lächerlich, meint er, seinen Trieben nachzugeben und sich dann in Aus-

flüchte zu verlieren. Triebe seien naturgemäß nichts Unnatürliches. Unnatürlich sei hingegen, so zu tun als ob.

Was er sagt, klingt affektiert, weil er lispelt, Hochdeutsch spricht und zu allem Überfluss versucht, die Wirkung seiner Worte durch einen merkwürdigen Akzent zu verstärken.

Ich erinnere mich wieder daran, ein Verfolgter zu sein. In dieser Situation kann ich mir keine Scham leisten, stattdessen muss ich herausfinden, ob der Doppelgänger auf Seiten des Wanderpredigers steht. Ich muss auf der Hut sein. Obwohl ich glaube, sein Manöver zu durchschauen, stelle ich seine Bemerkungen in Bezug auf die menschliche Triebhaftigkeit außer Streit und lobe seine Beobachtungsgabe. Ob er sich vorstellen könne, setze ich nach, in einem Sexshop Partner für eine Tarockrunde zu finden.

Er scheint irritiert.

Ich bin auf der richtigen Spur und gehe jetzt aufs Ganze. Ich lüge weiter auf das Unverschämteste.

Im Vertrauen, gebe ich mich verschwörerisch, ich hätte es versucht. Ich hätte der Tänzerin ein ganzes Paket Tarockkarten durch einen Schlitz zugeschoben. Sie habe sofort verstanden, lüge ich weiter, und angefangen, die Karten zu mischen. Dabei habe sie großes Geschick gezeigt. Als sie aber in die Runde fragte, wer Lust zum Mitspielen habe, habe sich hinter den Fenstern niemand gemeldet. Sei es, weil die gleichzeitig mir anwesende Kundschaft in den Nachbarkabinen dem Tarockspiel nichts abgewinnen konnte oder weil in diesem Augenblick einfach andere Interessen überwogen. Egal. Ich jedenfalls fühlte mich um meine Tarockpartie geprellt. Das wiege umso schwerer, als ich niemals bereit sei, ein einmal begonnenes Unterfangen abzubrechen, erkläre ich ihm mit künstlichem Nachdruck. Wenn ich mich entschlossen hätte, Tarock zu spielen, dann spielte ich auch Tarock. Dann ließe ich mich von niemandem abhalten.

Ob er mir vielleicht Tarockpartner nennen könne, forsche ich hinterlistig. Ich habe Mühe, den Triumph in meiner Stimme zu verbergen, den ich angesichts dieser genialen Falle empfinde.

Mit Genugtuung beobachte ich, dass die List verfängt. Er wird blass. Er verstünde nichts vom Tarockspiel, stammelt er.

Ich wittere die Chance, ihn vollends in die Defensive zu drängen, und frage, wovon er überhaupt etwas verstünde, so barsch es mir nur möglich ist.

Seine Reaktion auf meine Heftigkeit überrascht mich und stellt meinen Plan rückwirkend in Frage. Er legt die Anspannung ab und wird nachdenklich. Dann winkt er mich zu sich. Obwohl neben ihm noch genug Platz ist, zieht er mich auf seinen Schoß. Mir ist die Situation heute schon geläufig. Auch ich werde nachdenklich.

Er hat dünne Beine. Ich sitze daher ziemlich hart. In mir macht sich die Erinnerung an Zwetschkerls

Schoß breit, an ihre weichen und bequemen Oberschenkel. Bedauerlich, dass sie tot ist.
Er muss bemerkt haben, dass ich an etwas Anderes denke, und wartet höflich ab. Erst als ich einen lauten Seufzer ausstoße und damit das Ende meiner Trauerarbeit zum Ausdruck bringe, fängt er zu erzählen an. Ich müsse ihm glauben, dabei wippt er nervös mit dem Knie, sodass ich Angst um mein Gleichgewicht bekomme und erwäge, mich doch *neben* ihn zu setzen. Ich verwerfe es jedoch und bleibe auf ihm sitzen. Alles andere könnte er als persönliche Kränkung auffassen und deshalb verstummen. Ich behelfe mir damit, die Arme etwas zur Seite zu strecken, um meine Balance den widrigen Bedingungen zum Trotz abzusichern, obwohl mir die Lächerlichkeit dieser Haltung durchaus bewusst ist. Schließlich muss ich ihn zum Reden bringen, wenn ich mir Klarheit über seine wahren Absichten und sein Verhältnis zum Wanderprediger verschaffen will.
Ich nicke ihm ermunternd zu. Ein bisschen lächle ich sogar, obwohl ich das in meiner Sitzposition als unpassend und verfänglich empfinde. Er lächelt zurück. Er spüre, dass ich ihm Glauben schenke, schmeichelt er mir. Ich verdiente es, reinen Wein eingeschenkt zu bekommen. Er sei in New York aufgewachsen, als es dort noch richtig gefährlich war. Damit sei er aber gut zurecht gekommen, nicht zuletzt deshalb, weil er von Kind an ein hervorragender Bogenschütze sei. Im Grunde genommen sei er kein großer Patriot.

Aber was heute behauptet würde, dass man nämlich Bogenschießen nur von den Asiaten mit ihrem Zen-Hokuspokus lernen könne, sei doch Unsinn. Bogenschießen lerne man von den Indianern. Und davon gäbe es in Amerika noch immer viele, auch wenn sie heute anders hießen. Vor gut zehn Jahren sei er dann nach Österreich gekommen.

Vielleicht, frage ich nach, um hier das Tarockspiel zu erlernen und damit ein Kartenspiel, das fast nur in Österreich gespielt wird und wie das Schifahren nur hier wirklich erlernbar ist?

Er verneint heftig und unter Einsatz seines ganzen Körpers, was mich fast wieder mein Gleichgewicht kostet. Eine Erbschaft habe ihn nach Österreich gebracht. Er habe einen Steckerlfischstand am Pleschinger See geerbt und somit ein sicheres finanzielles Auskommen. Zunächst habe es auch perfekt funktioniert. Die ersten Badesaisonen seien so ergiebig gewesen, dass er von den Einkünften ein ganzes Jahr habe leben können. Die Leute hätten ihn geliebt, vor allem die Frauen wurden schnell zur Stammkundschaft. Obwohl er am Beginn noch nicht einmal ordentlich Deutsch gesprochen habe. Eigentlich heiße er Richard, die Leute hätten aber in Anspielung auf seine Steckerlfische „Moby Dick" zu ihm gesagt.

Steckerlfisch: eine für Oberösterreich typische Spezialität,
ein auf einem Holzstab gegrillter Fisch
Der Pleschinger See ist ein im Nordosten an Linz angrenzender Baggersee.

Zum Verhängnis sei ihm schließlich geworden, dass der Pleschinger See zum FKK-Gelände umgewidmet worden sei. Er habe zwar kein Problem mit Nacktheit, sei aber ein Ästhet. Kritisch sei es daher geworden, als seine Stammkundinnen immer älter geworden seien. Nacktheit und Alter vertrügen sich eben nicht. Glücklicherweise habe er nach einigen Jahren einen Käufer für den Stand gefunden. Dann habe er sein ganzes Geld genommen und in eine Sexshop-Kette investiert. Er habe tüchtige Mitarbeiter, sagt Moby Dick, die schaukelten das. Er selbst habe schon seit über einem Jahr keinen Sexshop mehr betreten. Auch da stehe ihm sein Hang zum Ästhetischen im Weg. Er warte lieber draußen.

Er versinkt in sich, schweigt und bewegt auch seine Oberschenkel nicht mehr.

Meinem Gleichgewicht zuliebe überlege ich, wie ich ihn weiter zum Nachdenken bringen und ruhig halten kann. Die Steckerlfische aufzugeben, sei eine kluge Entscheidung gewesen, sage ich. Steckerlfische seien out. Heute verlange man nach komplexeren Nahrungsmitteln, wie etwa der Käsekrainer. Mit einer Käsekrainer könne man sowohl Intellektuelle ansprechen als auch die einfachen Leute. Was im Nobelrestaurant der gegrillte Hummer, sei am Würstelstand die Käsekrainer.

1971 in Oberösterreich erfundene leicht geräucherte Brühwurst mit grobem Brät aus Schweinefleisch und 10-20%igem Anteil Käse

Wer einmal eine Käsekrainer gegessen habe, könne nachempfinden, was ich meine. Jeder Bissen entfalte eine neue Geschmacknuance. Die Krönung sei der Verzehr einer Käsekrainer im Morgengrauen. Sehr empfehlen könne ich den Würstelstand am Taubenmarkt. Dort eine Käsekrainer zu essen, sei wie Stonehenge bei Vollmond zu erleben – ein mystisches Erlebnis.

Meistfrequentierter Platz in Oberösterreich; benannt 1952 nach dem hier bis 1880 abgehaltenen Geflügelmarkt.

Ich habe ihn überfordert mit so viel Information. Er nickt mehrmals, gibt aber weiter keinen Laut von sich. Ich genieße die Stille. Neben uns flattern ein paar Spatzen hin und her. Ich vermute einen Beziehungshintergrund in dem Spiel, weil einer der gefiederten Gefährten die anderen immer wieder mit lautstarkem Zwitschern anzulocken sucht.
Aus einem Nebeneingang des Peep-Show-Gebäudes tritt die Stupsnase auf die Straße. Instinktiv ziehe ich den Kopf ein. Zwar habe ich gehört, dass das Glas in den Kabinen so beschichtet ist, dass die Kunden die Tänzerinnen sehen können, aber nicht umgekehrt. Ich halte das jedoch für eines jener Gerüchte, mit denen die Erdbevölkerung für blöd verkauft wird. Wieso sollten die Betreiber von Peep-Shows, denen es doch in erster Linie ums Geschäft geht und weniger um Lauterkeit oder, wie auch manchmal behauptet wird, um moderne Facetten des Zwischen-

menschlichen, warum sollten sie die Kosten speziell beschichteter Gläser auf sich nehmen? Abgesehen davon würden die bei ihnen beschäftigten Tänzerinnen einen Aufstand machen. Kein Mensch arbeitet nur des Geldes wegen. Jeder will doch auch seinen Spaß haben. Es muss für die Mädchen gewiss unterhaltsam sein, die Gesichter der Zuschauer in den Kabinen zu beobachten.

In Wahrheit habe ich nicht nur den Kopf eingezogen, sondern bin so weit gegangen, diesen aus lauter Scham an der Brust des Moby Dick zu vergraben. Aus dem Augenwinkel erkenne ich, dass die Stupsnase uns direkt ansteuert. Zu allem Überfluss hat sich Moby Dick vom Getue der Spatzen anstecken lassen und fängt nun an, die Stupsnase mit einem amerikanisch gefärbten „Hallo" zu uns zu locken.

Meine Sitzposition ist für mich am heutigen Tag nichts Ungewöhnliches mehr und zu verschmerzen. Sie ist mir jetzt allerdings wegen des Verdachtes unangenehm, ich könnte mich auch zu Männern hingezogen fühlen. Ich empfinde die Vorstellung von Bisexualität immer als grauenvoll, weil eine derartige Neigung die Gefahr unglücklicher Beziehungen zu verdoppeln imstande ist.

Die Stupsnase quetscht blitzschnell ihre Augenlider zusammen, was ich als kumpelhaftes Mir-Zuzwinkern verstehe. Das beschichtete Glas in Peep-Shows gehört damit für mich endgültig ins Reich der Legenden. Sie äußert aber kein Zeichen von Wiedersehens-

freude, wofür ich ihr sehr dankbar bin. Ich reihe sie ungeschaut in die Kategorie jener göttlichen Frauen ein, die auf die monströsen Fährnisse, welche sich das Leben immer wieder ausdenkt, pfeifen.
Dann wendet sich das Blatt. In einem für meinen Geschmack unnötig spitzen Ton erbittet die Stupsnase von Moby Dick Auskunft, was das Riesenbaby auf seinem Schoß solle. Ich habe sie also überschätzt. Beschämt und verdrossen löse ich mich von Moby Dick und verziehe mich, ohne die beiden noch eines Blickes zu würdigen, geschweige denn Worte des Abschieds zu investieren.

8.

Im Park angekommen, werde ich nachdenklich, gar sentimental. Ein Käfer krabbelt über eine kleine Mauer. Er wirkt geschäftig, und ich beneide ihn darum, dass er offenbar genau weiß, was er will. Auf der Mauerkante lauert eine Eidechse. Diese Begegnung kann nur in einer Tragödie enden. Während der Käfer zielstrebig einen für mich nicht erkennbaren Plan verfolgt, kommt er der Eidechse immer näher. Mich erstaunt, dass der Käfer, für den sich die Ereignisse sehr viel bedrohlicher entwickeln als für mich, quietschvergnügt ist, während ich so etwas wie Trauer empfinde. Für einen kurzen Moment komme ich auf die Idee einzugreifen. Ich habe es ohne Zweifel in der Hand, dem Geschehen eine andere Wendung zu geben. Mir fällt der liebe Gott ein, und ich beneide ihn nicht um seinen Job. Ihm muss es ständig so ergehen.

Ein Einschreiten kommt für mich aus grundsätzlichen Überlegungen dann doch nicht in Frage. Ich könnte auch nichts tun, wenn ich nicht hier wäre; eigentlich bin ich nur zufällig hier und dadurch überhaupt erst in der hypothetischen Lage, in den Lauf der Dinge einzugreifen. Es erscheint mir sohin größenwahnsinnig, diesen Zufall auszunutzen und Dinge zu beeinflussen, mit denen ich normalerweise nichts zu tun hätte.

Als ich mit meinen Gedanken endlich zu Ende gekommen bin, packt die Eidechse zu. Der Kopf und die Vorderbeine des Käfers hängen noch aus dem Maul heraus. Der Käfer sieht jetzt nicht mehr so glücklich aus. Ich komme ins Schwanken, ob ich meine Grundsätze nicht doch über Bord hätte werfen sollen.

Mir fällt wieder ein, weshalb ich eigentlich hier bin. Wie leicht muss es für vermögende kinderlose Ehepaare oder Lottomillionäre sein, Gutes zu tun! Man kann Patenschaften für Waisenkinder in der Dritten Welt übernehmen oder Kinderheime bauen. Aufgrund meiner wirtschaftlich beengten Verhältnisse bleiben mir solche Möglichkeiten von vornherein verschlossen.

Ich durchsuche meine Hosentaschen. Das Einzige, was ich an brauchbaren Utensilien finde, ist eine Packung Papiertaschentücher. Ich tröste mich damit, dass es für jemanden, dem der Rotz aus der Nase rinnt und der kein Taschentuch bei sich hat, eine glückliche Fügung sein muss, wenn plötzlich ein rettender Engel mit einer Packung Taschentücher auftaucht.

Die Frage ist allerdings, wie man gezielt auf jemanden trifft, dessen Nase läuft und der weder Taschentücher eingesteckt noch jemanden mit selbigen an der Seite hat. Nachdem ich erwogen habe, wo die Wahrscheinlichkeit am höchsten ist, eine so bemitleidenswerte Kreatur zu finden, beschließe ich, mich in der Landstraße, der Hauptverkehrsader von Linz, aufzustellen. Dort würden an einem Werktag wie heute um die Mittagszeit eine Menge Leute durch die Fußgängerzone spazieren.

Am Taubenmarkt fällt mir ein Bursche auf, der mit einem Packen Zeitschriften in der Hand für eine Sekte wirbt. Ich vermute, dass ich von ihm etwas lernen kann. Immerhin muss er sich ein Gespür dafür angeeignet haben, wie er herausfindet, welcher Passant für seine Zwecke in Frage kommt.

Als ich mich neben ihn stelle, mustert er mich misstrauisch. Ich versichere ihm, dass meine Absichten mit seinen nicht das Geringste zu tun hätten und daher keinerlei Konkurrenzverhältnis bestünde. Wir verfolgten zwar das gemeinsame Anliegen, Gutes zu tun, ich überließe ihm aber gerne die Seelen, da für mich nur die Nasen von Interesse seien. Ich unterstreiche den Wahrheitsgehalt meiner Erklärung, indem ich die Packung Taschentücher heftig hin und herschwenke.

Er hält mich wahrscheinlich für verrückt und versucht beharrlich, mich nicht zu beachten. Er brummt monotone Laute vor sich hin, die an die Vorbeigehenden gerichtet sind, aber von diesen wahrscheinlich genau so wenig verstanden werden wie von mir. Ich frage ihn nach seinem Vornamen. Gotthelf, flüstert er. Es klingt wie eine Entschuldigung.

Gotthelf, sage ich streng, und meine vergleichsweise klare und laute Stimme gibt mir ein Gefühl der Überlegenheit. Ich hätte es nicht gern, wenn ich nicht verstanden oder gar für verrückt gehalten würde. Ob es ihm noch nie passiert sei, dass Rotz sich aus der Nase löst und ihm just in diesem Moment kein Taschentuch zur Verfügung steht, belle ich ihn herausfordernd an.

O doch, gesteht er demütig ein. Es ist ihm anzumerken, dass er Konflikten nicht standhalten kann. Ich spüre, dass ich leichtes Spiel habe, und erliege daher der Versuchung, ihn fertig zu machen. Obwohl ich weiß, wie ihn das treffen muss, stelle ich kurzerhand ein Leben nach dem Tod in Abrede. Seine Augen weiten sich vor Entsetzen. Ich bemerke mit Genugtuung, dass ich einen wunden Punkt getroffen habe. Für einen kurzen Augenblick vergesse ich meine

Taschentücher. Mit scharfer Stimme wiederhole ich, dass der Tod allem ein Ende setze. Es gebe kein Weiterleben, keine Wiedergeburt, und selbst der wirtschaftlichen Verwendung des Kadavers seien Grenzen gesetzt. Von Recyclingmöglichkeiten, wie sie für Aluminiumdosen und Tageszeitungen mittlerweile selbstverständlich geworden sind, könne man, was den menschlichen Leichnam anlangt, nur träumen. Der Mensch, sage ich mit höhnischem Triumph in der Stimme, sei an Endlichkeit nicht zu übertreffen.

Bevor Gotthelf noch widersprechen kann, kommt es zu einer unerwarteten Wendung. Ein Mann – Anzug, Krawatte, mittleres Alter – steuert zielstrebig auf mich zu. Als sei es das Selbstverständlichste der Welt, bittet er mich um ein Taschentuch. Ich bin wie vom Blitz getroffen. Er wiederholt seine Bitte mit leichter Ungeduld. Ich greife nach der Packung und reiche ihm mein schönstes Papiertaschentuch. Zunächst kann ich mein Glück gar nicht fassen.

Ich habe allerdings nicht bedacht, wie hinterfotzig das Leben sein kann. Oft offenbart sich das, was wir zunächst als Glück empfinden, im Nachhinein als herbe Enttäuschung.

Der Mann greift nach dem Taschentuch. Statt es aber an seine Nase zu führen, wickelt er, sichtbar angeekelt, einen ungefähr zehn Zentimeter langen, von einem Bissen verstümmelten Ölpfefferoni darin ein. Das triefende Öl saugt sich durch das Papier und bildet einen unförmigen Fleck.

Ich verliere endgültig die Fassung, als der Mann einen Abfallbehälter ansteuert und den Pfefferoni samt seiner gerade noch jungfräulichen Papierhülle kaltblütig entsorgt. Ich frage mich, wozu er für den Ölpfefferoni eines meiner kostbaren Taschentücher verschwendet hat, wenn er ohnehin vorhatte, ihn wegzuwerfen.

So sehr habe ich gehofft, mit dem Taschentuch – wenn schon nicht vitale, so doch elementare – biologische Bedürfnisse zu unterstützen, also eine nahezu ärztliche Funktion wahrzunehmen. Nun muss ich miterleben, wie mein Erste-Hilfe-Utensil als Verpackungsmaterial für Abfälle missbraucht wird. Gleichzeitig wird mir bewusst, dass ich damit eine Chance vertan habe, was umso schmerzlicher wiegt, als ich nur eine Zehnerpackung zur Verfügung habe.

Trotzig beschließe ich daher, mein Schicksal zu korrigieren. Ich stürze zum Abfallkorb, fische das Taschentuch heraus und wringe es notdürftig aus. Dann falte ich es so gut wie möglich zusammen und stecke es in die Packung zurück. Ich nicke zufrieden. Meine Lebensuhr habe ich erfolgreich zurückgestellt.

Wenig später aber verlässt mich der Mut wieder. Die Menschen strömen an mir vorbei, ohne auch nur die geringsten Anstalten zu machen, mich um ein Taschentuch zu bitten. Im Gegenteil. Sobald sie mich wahrnehmen, beschleunigen sie ihren Schritt. Offen-

sichtlich sehe ich aus, als bräuchte ich Hilfe, was jeden normalen Menschen in die Flucht treibt.
Ich bemühe mich daher, an meinem Auftreten zu basteln und den Eindruck von Schwäche abzuschütteln. Dabei navigiere ich zwischen Skylla und Charybdis. Gäbe ich mich nämlich zu selbstbewusst, würde niemand wagen, mich mit verrotzter Nase um ein Taschentuch anzubetteln. So zerre ich krampfhaft an meinen Gesichtsmuskeln, um möglichst den richtigen Ausdruck zu treffen.

Dann kommt sie. Sie trägt einen sehr kurzen Rock, hat wulstige Lippen und scheint mir irgendwie bekannt. Sie steuert direkt auf mich zu. Es ist mir daher unangenehm, dass mir partout nicht einfällt, wo ich ihre Bekanntschaft gemacht haben könnte.
Noch bevor ich Gelegenheit habe, in Panik zu verfallen, schlägt mich eine Beobachtung mit einer viel größeren Tragweite in den Bann. Zwischen ihrer Nase und Oberlippe erkenne ich in der Mittagssonne deutlich einen verräterisch glänzenden Fleck. Ich empfinde eine Art Jagdglück, als stünde ein Wilderer plötzlich vor einem Hirsch mit mächtigem Geweih.
Just in dem Moment, in dem ich meine Taschentücher hervorkrame, spitzt sich die Situation dramatisch zu. Obwohl uns nur mehr einige Meter trennen und sie bemerken muss, dass ich sie scharf im Auge habe, führt sie die linke Hand zur Nase, schnäuzt sich völlig ungeniert hinein und untersteht sich dann

noch, sich mit dem Rücken der Rechten die verbliebenen Spuren von Nasenflüssigkeit aus dem Gesicht zu wischen.

Sie geht an mir vorbei, als wäre nichts geschehen. Nur mühsam erhole ich mich von dem Schock und stürze ihr nach. Ich werde auf eine weitschweifige Einleitung verzichten und sie gleich auf das Corpus delicti ansprechen. Bevor ich jedoch den Mund aufmachen kann, gibt sie mir in scharfem Ton zu verstehen, dass jeden Moment ihr Freund auftauchen würde. Ich muss lachen. Sie glaubt offenbar, ich wolle sie anmachen, was geradezu aberwitzig ist, umso mehr, als sie mir eben ein wenig Appetit anregendes Schauspiel geboten hat.

Ich bin normalerweise nicht so direkt. Jetzt aber werfe ich ihr schonungslos an den Kopf, dass sie sich ihren Rotz einfach in die Hand geschmiert habe. Ich bin überrascht, wie leicht es mir fällt, diese Ekligkeit so klar anzusprechen. Wenig überraschend schlägt mir nichts als Realitätsverweigerung entgegen. Sie tut empört. Faselt, dass nicht jeder, der sich mit der Hand an die Nase fasse, die Absicht habe, jene mit Rotz zu befüllen. Es gebe dafür hundert Gründe, wie zum Beispiel die Bewältigung jäher Juckreize, das temporäre Zurechtrücken einer schief gewachsenen Nasenscheidewand aus optischen Gründen und Ähnliches. Gerade ihr Geschlecht, meint sie patzig, nehme ein gewisses Vorrecht in Anspruch, sich aus kosmetischen Überlegungen an die Nase zu greifen.

So lasse ich nicht mit mir reden. Leugnen sei zwecklos, bemerke ich kalt und weise sie darauf hin, dass es unter ihren Nasenflügeln noch immer glänze. Sie ist kurz davor, die Fassung zu verlieren, und ihre Stimme bekommt wieder den unangenehm schneidenden Ton. Die feuchten Stellen unter den Nasenflügeln rührten daher, wirft sie mir in einer Lautstärke an den Kopf, die jeder hören kann, dass ich – damit meint sie mich – eine feuchte Aussprache habe und unglücklicherweise nur wenig größer sei als sie.

Als ich kurz zur Seite sehe, dreht sich ein Passant demonstrativ weg, was mich wütend macht. Ich gewinne den Eindruck, dass sie die Leute mit ihrem Unsinn überzeugt. Daher brülle ich zurück, sie bedürfe meiner Auffassung nach dringend eines Taschentuchs. Und es sei mir schleierhaft, setze ich nach, weshalb sie mich bis jetzt nicht darum gebeten habe.

Lieber würde sie sterben, gibt sie zurück, als jemanden wie mich um ein Taschentuch zu bitten. Soso, höhne ich, sie habe wohl nie gelernt, mit einem Taschentuch umzugehen.

Sie wird ausfällig. Ich solle mir die Taschentücher in den Arsch stecken, zischt sie.

Abgesehen davon, dass ich dieser Empfehlung überhaupt nichts abgewinnen kann, wird mir die Auseinandersetzung langsam zu bunt. In solchen Augenblicken neige ich zu Gewalttätigkeit. Wild schnaubend schnappe ich mir ein Taschentuch und stürze mich auf sie. Mit der rechten Hand reiße ich ihr einen Arm nach hinten, sodass sie sich nicht mehr wehren kann. Mit der Linken führe ich das Taschentuch zu ihrer Nase und drücke zu, so fest ich kann.

Schnäuzen Sie, keuche ich atemlos, ich bitte Sie, gnädiges Fräulein, schnäuzen Sie. Ich bin stolz auf meine Gabe, auch in Momenten höchster Erregung höflich zu bleiben. Das scheinen auch die Schaulustigen so zu empfinden, die sich rund um uns angesammelt haben. Keiner greift ein, offenbar weil mein Vorgehen gut geheißen wird.

Sie aber schnäuzt nicht.

Angesichts des bisherigen Aufwandes scheint es mir zu wenig, nur die glänzenden Stellen, die immer noch sichtbar sind, mit meinem Taschentuch zu trocknen. Außerdem habe ich den Eindruck, die Zuschauer erwarten mehr von mir.

Ich kann auch fester, mein liebes Fräulein, keuche ich vor Anstrengung und drücke zu. Ich bemerke, wie ihr Widerstand abnimmt.

Wenn der Berg nicht zum Propheten kommt, kommt der Prophet eben zum Berg, erkläre ich mehr der gaffenden Menge als dem Opfer meiner guten Tat. Wenn ich aufgebracht bin, fackle ich nicht lange, aus Worten Taten werden zu lassen. Ich stopfe ihr das Taschentuch, so tief ich kann, in beide Nasenlöcher. Allerdings bin ich, auch wenn ich Gewalt anwende, kein roher Mensch und streiche daher mit größtmöglicher Schonung über ihre Nasenschleimhaut.

Vermutlich löse ich gerade damit einen Niesreiz aus, den ich zu spät bemerke. Während ich noch an ihrer Nase hantiere, schleudert sie den Kopf nach vorne. Die jähe Bewegung und der Umstand, dass Frauennasenlöcher zur Aufnahme von ausgewachsenen Männerfingern nicht geeignet sind, summieren sich zu bösen Konsequenzen. Erstens fällt das Taschentuch zu Boden. Zweitens beginnt die Nase stark zu bluten.
Wenn man einem Menschen Gutes tun wollte und als Ergebnis aus diesem Blut fließt, muss man sich eingestehen, dass man sein Ziel verfehlt hat.

Es ist längst Mittag geworden und heiß. Wenn die Sonne mich auch von außen wärmt, innerlich beginne ich zu frieren. Wir sind geboren, um zu versagen, wispere ich meinem Leben zu, das beifällig nickt, weil es das schon lange weiß. Wir können niemals Gutes tun, vor allem nicht an unseren Mitmenschen. Menschen sind dazu geboren, sich gegenseitig zu zerstören.
Sie heiße Puppi, unterbricht die aus der Nase Blutende meine trüben Gedanken. Sie finde, dass ich verdammt gut aussähe.
Ich kann das Kompliment ruhigen Gewissens zurückgeben. Der dicke rote Faden auf ihren Lippen sieht entzückend aus.
Puppi, stöhne ich, was können wir tun, um deine Nase in Ordnung zu bringen?

Sie hat schon einen Plan. Sie wohne gleich ums Eck. Sie wolle sich auf die Couch legen, bis die Nase zu bluten aufgehört habe, und bitte mich, sie zur Unterstützung zu begleiten.

Ein Sandler, der gleich neben uns vor einer Hauseinfahrt seinen Rausch verdaut, spricht eine Warnung aus. Er habe alles mit angesehen und mich gerade als jemanden kennengelernt, der gewöhnt sei, sein Geschick in die Hand zu nehmen. Und jetzt sei ich seinem Dafürhalten nach im Begriff, mich auf etwas einzulassen, das ich vermutlich nicht unter Kontrolle hätte.

Puppi lacht hell auf und steigt majestätisch über den schmierigen Kassandra-Rufer. Ohne auch nur ansatzweise Widerspruch zuzulassen, zieht sie mich hinterher.

ugs. für Vagabund, Penner

9.

Bevor Puppi sich auf ihre extra-breite Couch legt, schiebt sie eine CD in den Audioturm. Irgendetwas von Enya zieht eine romantische Säuselspur durchs Zimmer.

Ich will mich auf keinen Fall blamieren und zeige ohne weitere Aufforderung, dass ich verstanden habe. Nachdem ich mich aller Kleidungsstücke entledigt habe, drapiere ich mich so, dass wir uns nicht berühren, sie aber alles an meinem Körper in Reichweite hat. Sie hat den Kopf zurückgebeugt und tut so, als hätte sie nur ihre Nase im Sinn.

In solchen Situationen werde ich schnell unsicher. Ich räuspere mich und erwarte eine klare Reaktion auf die besondere Konstellation unserer Körper. Es ist nicht zu leugnen, dass ich mich in die schwächere Position habe drängen lassen.

Ich begehe immer wieder den Fehler, Entwicklungen vorwegzunehmen. Das ist wie ein voreiliges Zugeben von Karten beim Tarockspiel. Man eröffnet damit dem anderen die Chance, in die Zukunft einzugreifen und den Lauf der Dinge in einem für einen selbst ungünstigen Sinn zu beeinflussen.

Ich habe das nicht nur beim Tarockspiel, sondern oft auch an ganz banalen Beispielen im Alltag erlebt. Einmal habe ich einen entfernt Bekannten, den ich lange nicht gesehen und eines Tages vor einem meiner Lieblingsgasthäuser getroffen habe, auf die wunderbaren Grammelknödel aufmerksam gemacht, wegen derer ich gekommen bin. Er hat sich für den Hinweis bedankt und – weil er vor mir bestellt hat – die letzte Portion bekommen. Ich musste mich mit faschierten Laibchen begnügen und habe mir geschworen, die Menschen über meine Pläne künftig im Unklaren zu lassen.

Grammel bezeichnet den verbleibendenden Rest ausgelassenen Fetts

Gerade bezahle ich dafür, dass ich mich dieser Erkenntnis wieder einmal zuwider verhalten habe. Puppi verzieht den Mund und höhnt, dass es zwar in österreichischen Haushalten im Unterschied etwa zu jenen in romanischen Ländern üblich sei, die Schuhe beim Betreten einer fremden Wohnung auszuziehen, dass sich dieser Brauch ihres Wissens aber nicht auf die gesamte Kleidung erstrecke.

Geistesgegenwärtig verteidige ich mich damit, dass ich allgemein zum Übereifer neige und dabei gelegentlich übers Ziel hinausschieße, so auch beim Schuhe-Ausziehen. Insgeheim beschimpfe ich mein Leben, dass es mich in solch peinliche Situationen bringt.

Ich stehe auf und ziehe meine Socken wieder an. Dann mache ich mich wichtig, indem ich ein Tuch in kaltes Wasser tauche und unter Puppis Nacken schiebe. Erst jetzt streife ich Hemd und Hose wieder über. Damit will ich klarstellen, dass es ausschließlich meine Entscheidung ist, was und wie viel ich mir in Puppis Gegenwart anziehe.

Ich fühle mich wieder stärker, weil die Nase endlich zu bluten aufgehört und mich somit von meiner Schuld freigesprochen hat. Da außer der Couch keine Sitzgelegenheit zur Verfügung steht, bitte ich Puppi, einen Sessel aus der Küche holen zu dürfen.

Österreichischer Ausdruck für „Stuhl"

Als ich wieder zurückkomme, liegt Puppi noch immer auf der Couch, hat aber mit Ausnahme eines winzigen Slips nichts mehr an.

Foppen will ich mich nicht lassen, raune ich meinem Leben zornig zu. Dann mustere ich fachmännisch ihre Nase und tue so, als bestünde ihr Körper nur aus dieser.

Puppi schließt die Augen. Ich setze mich zu ihr und beginne davon zu sprechen, dass ich vorhätte, Gutes zu tun. Puppi hat eine Hand unter ihren Kopf geschoben. Mit der anderen spielt sie zwischen ihren Beinen. Ich verstehe das als Geste der Gleichgültigkeit gegenüber meinen mir vom Schicksal aufgetragenen Plänen. Lasse mich aber nicht beirren, habe mich in Feuer geredet. Entschlossen verspreche ich, gegen alles Schlechte zu kämpfen, das es auf der Welt gibt. Hunger, Durst, Neid, Missgunst, schwarze Ränder unter den Fingernägeln, Rettichrülpser. Nichts Schlechtes soll vor mir sicher sein.

Ich bin erschöpft und mache eine lange Pause.

Dann beugt sie sich zu mir und holt mein Glied aus der Hose. Dabei wird mir klar, was uns trennt: Ihr geht es um meinen Schwanz und mir um meine Bestimmung. Sie streift den Slip ab.

Ich will einfach nur Gutes tun und zweifle, ob das hier gelingen kann.

Puppi legt ihre ganze Leidenschaft in die Massage meines Geschlechts. Dass dieses Puppis Eifer trotzt und gleichgültig bleibt, finde ich daher unhöflich.

Geschlechtsteile haben eben keinen Sinn für Höflichkeit. Auf Puppis Gesicht erscheint eine Mischung aus Mitleid und Spott. Ich bleibe trotzdem souverän und schlage ihr vor, ihren Mund zu Hilfe zu nehmen.
Sie rollt die Augen und steckt ostentativ einen Kaugummi in den Mund. Puppi, sage ich, das ist doch keine Lösung. Schmollen hilft uns beiden nicht.
Puppi bleibt trotzig. Es gebe zwei Sorten von Männern, meint sie, und ich gehörte zur zweiten. Sie habe meine vor sich hin tröpfelnde Geschwätzigkeit satt. Jetzt sei es Zeit, Taten zu setzen.
Ich nicke schuldbewusst. Verstehst du, sage ich nachdenklich, die Situation hat sich verstolpert. Kurzum, ich weiß nicht recht, was ich tun soll.
Sie wisse es auch nicht. Sie klingt gereizt. Obwohl ich keinen Grund habe, meinem Körper zu vertrauen, setze ich alles auf eine Karte, ziehe mich wieder ganz aus und lege mich auf sie. Ich versuche Stil zu bewahren und beginne ein bisschen zu stöhnen. Puppi hat mich aufgegeben und drückt nur der Form halber lieblos an meinem widerspenstigen Geschlecht herum.
Mein Lebensweg hat mich wieder einmal in eine Sackgasse geführt. Ich bleibe auf Puppi liegen, weil mir nichts Besseres einfällt und sie mich vorläufig nicht von der Couch schmeißt. Vielleicht, denke ich, ist das eine passende Haltung zum Nachdenken. Vielleicht fällt mir, so auf Puppi liegend, ein, was ich heute noch Gutes tun könnte. Wenn es sich bewährt,

werde ich Puppi öfter bitten, nackt auf ihr liegen zu dürfen.

Dann begehe ich einen Fehler. Da mir nichts einfällt, beginne ich wieder zu reden. Ich spreche mich inbrünstig gegen alles Triebhafte aus. Gäbe es das Triebhafte nicht, liebe Puppi, dann wäre das männliche Glied so wesentlich oder unwesentlich wie sonstige körperliche Eigentümlichkeiten, seien es rote Haare, abstehende Ohren oder lange Wimpern. Es wäre dann etwas, das der eine hat und der andere eben nicht. Es käme aber nicht dazu, dass ein einzelner Körperteil die zwischenmenschliche Beziehung zwischen Mann und Frau belasten könne.

Puppi seufzt. Es klingt nicht nach Zustimmung. Sie beginnt wieder, an mir herumzuzupfen.

Puppi, sage ich, ich finde das ungehörig. Ich finde es schon schlimm, wenn jemand stupid in der Nase bohrt. Noch schlimmer ist es aber, wenn jemand gedankenlos an einem fremden Schwanz herumzupft.

Puppi hört zu zupfen auf und stößt mich zur Seite. Es sei gut, dass ich sie an ihre Nase erinnert hätte. Sie werde jetzt die Polizei anrufen.

10.

Die Beamten sind zu zweit. Uniformen machen mich immer etwas neidisch. Das kommt daher, dass ich es hasse, in Kleidergeschäfte zu gehen, etwas anzuprobieren und mir jeden Tag aufs Neue zu überlegen, was ich anziehe. Uniformträgern bleibt so etwas erspart. Sie können ihre Zeit, vor allem aber Energie zu Sinnvollerem nützen und sind daher in der Regel glücklichere Menschen.

Puppi schildert den Beamten meine Gewaltausbrüche. Es macht ihr nichts aus, mich dabei in ein schlechtes Licht zu setzen. Durch heftiges Niesen ist es ihr außerdem gelungen, das Nasenbluten wieder in Gang zu bringen. Im Grunde genommen ist dies ihr einziges Argument, in Kombination mit ihrem unschuldigen Rehblick allerdings kein schlechtes.

Ich versuche erst gar nicht zu widersprechen, denn ich fürchte, dass Puppi den Beamten auch noch mein sexuelles Missgeschick preisgeben könnte. Das wäre mir schon deshalb peinlich, weil ich die beiden auf Anhieb ins Herz geschlossen habe und nicht möchte, dass sie mich verachten.

Meine Herren, sage ich feierlich, ich versichere Ihnen, dass ich schuldig bin. Ersparen wir uns das Gewimmer dieser hysterischen Ziege. Ich muss Sie bitten, mich unverzüglich zum Verhör zu bringen. Mit diesen Worten gehe ich voraus und deute den Polizisten, mir zu folgen.

Ich nehme am Rücksitz des Polizeiautos Platz. Einer setzt sich neben mich, der andere startet den Wagen. Vergeblich. Ich runzle die Stirn und empfehle, das nächste Mal beim Abstellen des Autos das Licht auszuschalten.

Ich bleibe höflich, obwohl mich der Zwischenfall ärgert, weil ich dadurch wieder wertvolle Zeit für meine Mission verliere.

Der Beamte, der mich meinem Verständnis nach bewachen sollte, stellt einen wilden Fluch in den Raum und verlangt, ihm beim Anschieben zu helfen. Ich habe aber gerade keine Lust auf körperliche Anstrengung und lehne meine Mitwirkung unter Hinweis auf die bestehende Fluchtgefahr ab. Weil er mir aber im Grunde sympathisch ist, tut mir mein Verhalten leid. Ich raffe mich auf, ihm einen aufmunternden Blick durch die Heckscheibe zuzuwerfen, als er keuchend das Fahrzeug in Bewegung bringt.

Die Polizisten scheinen Übung zu haben. Es gelingt ihnen erfreulich schnell, den Motor zum Anspringen zu bringen. Ich stehe nicht an, diese Leistung überschwänglich zu loben. Trotzdem kommt kein richtiges Gespräch mehr in Gang, sodass wir schließlich schweigend das Wachzimmer erreichen.

Dr. Birkenstock behauptet, er sei Dr. Birkenstock und der zuständige Polizeijurist. Ich bin mir über meine Strategie noch nicht ganz im Klaren und beschließe daher, die Kugelschreiber zu zählen, die auf Birkenstocks Schreibtisch verteilt liegen: Ist die Gesamtzahl ungerade, werde ich leugnen. Es sind sechzehn. Ich gestehe alles, murmle ich und ärgere mich über meine grundlos belegte Stimme. Birkenstock lächelt. Ich habe mir schon gedacht, sagt er, dass Sie alles abstreiten. Und – ehrlich – ich glaube Ihnen. Ich kenne die Weiber.

Sie missverstehen mich, will ich herauspressen, aber es kommt kein Ton. Wie oft habe ich das schon erleben müssen. Ich sage etwas und weiß im selben Moment, dass es genau umgekehrt verstanden werden wird. Verzweifelt beginne ich in solchen Situationen mit immer neuen Sätzen um mich zu schlagen. Aber es hilft nichts. In der Regel mache ich es damit nur noch schlimmer.

Schweigen Sie, sagt Birkenstock, Sie machen sonst alles nur noch schlimmer. Ich sage nichts, versuche aber einen Gesichtsausdruck anzunehmen, der ihm zeigt, dass ich anderer Meinung bin. Es gelingt nicht, zumal ich weiß, dass er Recht hat.

Birkenstock schlägt einen Aktendeckel auf, auf dem mein Name steht. Er ist leer. Ich erzähle ihm, dass ich heute Morgen eine Erscheinung hatte; für den Akt solle er zumindest meine feste Absicht festhalten, heute noch Gutes zu tun. Diesmal versteht er mich. Er sieht mich traurig an. Er halte es für völlig unangemessen, wenn Leute wie ich versuchten, am Leben herumzupfuschen. Dabei sei ich in einem Alter, in dem ich genügend Erfahrung gesammelt haben müsste, wirft er mir sehr heftig vor. Es müsse uns allen doch langsam bewusst sein, dass wir nichts seien als eine zufällige Ausstülpung der Kategorie Lebewesen. Dabei lehre uns das Leben ganz eindeutige Dinge: dass man sich mit einem Smokinghemd nicht den Arsch auswischt, Solettistangerl nicht tief in den Gehörgang steckt oder ein Leberkässemmerl nicht in einem Brillenetui transportiert.

Ja, das sei es, was letztendlich im Leben zähle. Und nicht einmal dessen könne man sicher sein. Sicher könne man nie sein, vor allem als Polizeijurist, der permanent in Abgründe blicke. Er, Birkenstock, wisse um die Verderbtheit der menschlichen Seele, aber ihm sei auch klar, dass harmlos sei, was die Polizei zu Gesicht bekomme. Letztlich harmlos im Vergleich zu dem, was sich außerhalb der Wachstuben abspiele. Die Menschheit befinde sich in einer Spirale, und diese führe zur Drecksau. Die Menschheit, sagt Birkenstock, sei schon fast am Ziel.

Zu verdanken sei das vor allem den Eingreifern. Die Eingreifer seien das Schlimmste, was die Menschheit jemals hervorgebracht habe, vor allem wenn sie ins Schicksal eingreifen wollten, und das wollten im Grunde alle Eingreifer.

Jeder wisse doch, dass alles System sei. Was noch nicht heiße, dass es System habe. Bekannt sei, dass es ein Gesellschaftssystem gebe oder ein Rechtssystem oder ein Organsystem. Aber es gebe auch ein Schicksalssystem, zumindest in dem Sinne, dass wir, vielmehr die Eingreifer, dem Schicksal ein System andichteten. Birkenstock seufzt.

Die Eingreifer seien die Schamanen der Langweiligkeitskultur. Sie seien die Ingenieure oder, Birkenstock schnaubt verächtlich, eigentlich nur die Heimwerker der Langweiligkeitszivilisation. Er, Birkenstock, wundere sich jeden Tag über das Schild vor seinem Büro. Ob es mir auch aufgefallen sei? „Im Brandfall bewahren Sie Ruhe." Lächerlich. Wie oft gebe es schon einen Brandfall. Und wie viele Leute hätten in einem tatsächlich eintretenden Brandfall keine Lust, Ruhe zu bewahren. Lächerlich.

Eigentlich müsste jeden Tag, wenn man wach wird, ein Schild am Fenster auftauchen. Es ist Tag. Bewahren Sie Ruhe. Das gäbe Sinn, es würde zu unserer Langweiligkeitszivilisation passen. Wieso sich die Eingreifer mit einem solchen Schild nicht vor den Fenstern aufstellten, frage er sich.

Diese täten gerade so, als hätten sie das Schicksalsbügeleisen erfunden, als könnten sie das Schicksal nach dem Bügeln schön gefaltet zusammenlegen. Das Schicksal sei aber von Natur aus zerknittert, es lasse sich nicht so zusammenlegen, dass ein Bug entstehe, es bleibe immer verknittert.

Insofern sei unsere Langweiligkeitszivilisation auf dem Holzweg, völlig auf dem Holzweg. Mit lediglich Schwimmflügerl an den Armen würden wir den Niagarafällen zutreiben, behauptet Birkenstock. Insgeheim wollten wir die Niagarafälle nämlich gar nicht bezwingen, sondern sie lediglich hinunterstürzen. Das sei alles, was wir wollten.

Dann wechselt er abrupt das Thema. Ob ich mich für das Tarockspiel interessiere, herrscht er mich an. Ich sehe ihn verblüfft an.

Birkenstock wird wütend. Alle Menschen würden sich für Tarock interessieren, fährt er fort. Und die, die es nicht täten, würden es niemals wagen, das zuzugeben. Ob mir klar sei, welche Menschengruppe am ehesten bereit wäre, bis zum Äußersten zu gehen, alles aufs Spiel zu setzen. Es seien nicht die Polarforscher, das wisse er, obwohl er nichts von ihnen verstehe. Es seien auch nicht die Begründer krimineller Organisationen, das wisse er, weil er ein bisschen davon verstehe. Zu allem fähig seien Menschen, denen das Schicksal den Zutritt zu einer Tarockrunde verwehrt habe. Diese schlichen wie hungrige Wölfe um funktionierende, eingespielte Tarockrunden, ständig auf der Lauer, ob nicht einer der Partner ausfallen würde und durch sie ersetzt werden könnte. Nicht die steigende Zahl von Einbrüchen sei es, die ihn als Polizeijuristen düster in die Zukunft blicken lasse. Es sei vielmehr die immer größer werdende Zahl von zu kurz Gekommenen, denen es nicht gelinge, langfristig in einer Tarockrunde Fuß zu fassen.

Im städtischen Bereich sei heutzutage schon jede zweite Ehe zum Scheitern verurteilt. Obwohl es keine offiziellen Statistiken gebe, könne man sich leicht ausmalen, dass es um Tarockrunden noch schlimmer bestellt sei. Dagegen seien Ehen geradezu ein Kinderspiel. Zwei Menschen unter einen Hut zu bringen, sei im Grunde genommen schon wider die Natur, die Ehe daher die gesellschaftlich am breitesten akzeptierte Perversion.

Beim Tarock aber benötige man gar vier Personen, noch dazu desselben Geschlechts, die bereit seien, eine dauerhafte soziale Beziehung einzugehen, in der Verlässlichkeit eine entscheidende Rolle spielt. Dass das in der heutigen Zeit immer weniger gelingen könne, sei klar und bereite ihm große Sorgen. Aber das Verlangen des Einzelnen sei eben, was das Tarock betreffe, schnell übermächtig. Wer sei schon süchtig danach, eine Ehe einzugehen, frage er mich. Bei Tarockrunden sei dies anders. Hier schlage das Triebhafte erbarmungslos durch. Ein Mensch könne notfalls auf Ehe und Sexualität zur Gänze verzichten, auf das Tarockspiel aber mit Sicherheit nicht.
Herr Dr. Birkenstock, werfe ich ein und bitte ihn, mir zu glauben, dass ich auf das alles verzichten könne.
Birkenstock lacht laut auf. Oder eigentlich nicht. Dieses Lachen klingt nicht nach Lachen. Es ist mehr ein Zuschnappen. Eine tückische Bewegung des Unterkiefers. Es ist jetzt eine andere Stimme, die aus ihm spricht. Eine Oktave höher, in permanenter Gefahr, endgültig umzuschlagen, passt diese Stimme ganz und gar nicht zu Birkenstocks elegantem Körper.
Er habe mir vertraut, fistelt er heiser, völlig vertraut, aber ich hätte ihn hintergangen. Er habe mir von Anfang an geglaubt, ich sei jedoch nie ehrlich gewesen. Er habe geglaubt mich zu verstehen, ich aber hätte ihn nur enttäuscht.
Ich habe Puppi enttäuscht, ich habe Birkenstock enttäuscht. Dabei möchte ich Birkenstock um Rat fra-

[Pagat]
Niedrigstes und damit schwächstes Tarock, auch als „Spatz" bezeichnet. Dennoch begehrt, weil von hohem Zählwert. Das Wort „Pagat" leitet sich von italienisch „Bagatella" (Kleinigkeit) ab.

Als Tarock werden die (insgesamt) 22 Trumpfkarten bezeichnet, die dem Spiel seinen Namen gegeben haben.

gen. Ich möchte von ihm wissen, was wichtiger sei: eine schöne Frau in den Arm zu nehmen oder den Pagat im Talon zu haben, wenn man bereits nach dem Kartenaufnehmen sieben Tarock im Blatt hat.
Die Frage bleibt mir im Hals stecken. Denn Birkenstock hat eine Lade seines Schreibtisches geöffnet und seine Dienstwaffe herausgezogen. Er kündigt an, mir damit Löcher ins Hirn zu machen.
Ich hüstle verlegen und bitte ihn, von seinem Vorhaben Abstand zu nehmen. Ein Loch im Hirn, sage ich, würde vermutlich meinen Tod bedeuten und damit ein aus meiner Sicht vorzeitiges Ende. Meine Bestimmung sei es aber, heute noch Gutes zu tun. Von einem Loch im Hirn sei daher dringend abzuraten.

11.

Als ich Birkenstocks Büro verlasse, erblicke ich Puppi und den Wanderprediger auf einer Holzbank am Gang.
Was hast du jetzt wieder vor, frage ich mein Leben. Weißt du nicht, dass die beiden gar nicht zusam-

mengehören? Oder fängst du schon wieder an, alles durcheinander zu bringen?

Der Wanderprediger, den ich aus Gründen, die erst später klar werden, Willhelm Tell nenne, spricht mich an. Er will wissen, wie es bei Birkenstock gelaufen sei. Ich erwähne nur kurz das Tarockspiel und will meinerseits wissen, was Puppi hier zu suchen habe.

Die zeigt sich von ihrer süßlichen Seite. Sie wolle die Anzeige zurückziehen. Im Nachhinein betrachtet sei ich durchaus ein Erlebnis gewesen. Ohne dass ich danach gefragt hätte, drückt sie mir einen Zettel mit ihrer Handynummer in die Hand.

Wilhelm Tell scheint mit meiner Antwort nicht zufrieden zu sein. Er will Genaueres über unsere Tarockunterhaltung wissen. Ich aber bin verbittert über den bisherigen Tagesverlauf und lasse die beiden stehen, ohne sie noch eines Blickes zu würdigen.

Eigentlich geht mir alles auf den Keks. Ich beschließe, unverzüglich nach Hause zu gehen, ein Fußmarsch von locker vier bis fünf Kilometern. Die frische Luft wird mir gut tun und mir Klarheit verschaffen.

Es ist schwer, Gutes zu tun, sage ich zu meinem Leben. Verschone mich in Zukunft mit deinen Erleuchtungen. Und belästige mich nicht mehr mit hochtrabenden Bestimmungen. Vergiss es. Ich gehe nach Hause. Fernsehen.

Ich bin noch keine fünf Minuten unterwegs, da beginnt es zu regnen. Du kannst mich nicht klein kriegen, sage ich zu meinem Leben. So nicht.

Ich denke gar nicht daran, mir einen Schirm zu kaufen oder mich unterzustellen. Bewusst gehe ich jeder erleichternden Maßnahme aus dem Weg. So überquere ich den Hauptplatz und verzichte auf den Schutz der Arkaden an den Hauptplatzseiten. In meinem Zustand will ich keinerlei Vergünstigungen, schon gar nicht die von Arkaden.

Meine Entscheidung erweist sich als voller Erfolg. Ich spüre, wie der Regen beginnt, meine Bestimmung wegzuschwemmen, über den Asphalt rinnt sie, in den nächsten Kanalabfluss, genau dorthin, wo sie hingehört. In einer Pfütze bleiben ein paar Tropfen hängen, treiben noch kurz an der Oberfläche, bevor ich in die Pfütze springe und auch die letzten Spuren vernichte.

Ein Paar unter einem Regenschirm wirft mir einen bedauernden Blick zu. Ich lächle verächtlich zurück. Weniger wegen des Schirms, mehr wegen der zur Schau gestellten Zweisamkeit. Wieso können viele Menschen nur bündelweise existieren, frage ich mich. Hoch erhobenen Hauptes schreite ich durch den immer stärker werdenden Regen. Stolz auf meine Einzigartigkeit. Froh darüber, meine Bestimmung losgeworden zu sein. Ich habe das Gefühl, dass eines widerstandslos in das andere gleitet. Ich bin glücklich.

Dreifaltigkeitssäule in der Mitte des Linzer Hauptplatzes; zwischen 1717 und 1723 ausgeführt durch den Salzburger Steinmetzmeister Sebastian Stumpfegger nach einem Entwurf von Antonio Beduzzi

Der Regen kann mir nichts anhaben. Und ich bin mit meinem Glück nicht alleine. Auch die Tauben, die auf der Pestsäule hocken, oder die Straßenbahn, die gerade über den Hauptplatz fährt, alle sind glücklich. Vielleicht auf eine andere Weise. Aber es ist doch Glück.

Unter einem Hauseingang kauert der Sandler. Ich bin nicht einmal versucht, ihm ein Geldstück zuzustecken. Stattdessen schenke ich ihm ein Lächeln, weil er mir sympathisch ist.

Jetzt schüttet es richtig. Meine Kleider kleben am Körper. Sollen sie doch, denke ich. Es ist das gute Recht nasser Kleider, am Körper zu kleben. Noch hält mein Glück an. Dann wird es mir aber doch zuviel. Von einem Moment zum anderen. Es kommt überraschend, aber eindeutig. Ich friere.

Das nächste Café ist das Traxlhuber. Direkt neben der Heizung ist ein Tisch frei. Ich bestelle heißen Kamillentee. Meine Kleidung trieft wie ein nasser Schwamm, der Ober scheint pikiert. Ich kann in meinem Zustand darauf keine Rücksicht nehmen und ziehe die Schuhe aus, um das darin gesammelte Wasser auszuleeren.

österr. für Kellner

Plötzlich steht sie vor mir. Sie trägt hohe Absätze, dunkle Netzstrümpfe und kommt mir bekannt vor. Ob der Platz neben mir frei sei, will sie wissen. Ich bejahe wahrheitsgemäß. Sie lässt sich neben mir nieder und streckt mir ihre wirklich bezaubernde Stupsnase entgegen. Während ich überlege, ob ich mich auf eine Unterhaltung einlassen soll, zwinkert sie mich synchron mit beiden Augen an. Dann beginnt sie zu reden. Sie habe gelernt, nett zu sein, ich solle das aber nicht ernst nehmen. Natürlich sei ich ihr scheißegal. Ich nicke, um klar zu machen, dass ich kein Romantiker bin und von einer Fremden, die sich zufällig an meinen Tisch setzt, nichts Anderes erwartet habe. Gleichzeitig fällt mir ein, woher ich sie kenne. Sie ist die Tänzerin aus der Peep-Show, der ich den Gstieß zugeschoben habe.

Der Ober bringt, ohne auf ihre Bestellung zu warten, einen Espresso. Normalerweise würde man daraus schließen, dass sie hier Stammgast ist. Mich hingegen hat das Leben misstrauisch gemacht. Ich halte es genauso für möglich, dass der Ober sie einfach mit jemandem verwechselt oder – schlimmer noch – einen überzähligen Espresso loswerden wollte.

Sie spricht nicht weiter. In aller Ruhe kann ich sie daher beim Kaffeetrinken beobachten. Ich genieße ein Gefühl der Überlegenheit, weil ich aus meiner Erinnerung eine genaue Vorstellung von ihrem Körper habe, während sie auf meine durch die Nässe derangierte Kleidung angewiesen ist.

Seit Jahren zelebriere ich Wachträume, in denen ich alles weiß über die anderen, selbst aber unergründlich bleibe wie ein plötzlich in einem Western auftauchender und wieder davon reitender Outlaw. Ich habe daher Berufsgruppen immer schon beneidet, die dieses Verlangen ausleben können, wie Geheimpolizisten, Mitarbeiter von Krankenkassen oder auch Karteiverwalter in öffentlichen Bibliotheken.
Ich weiß zum Beispiel, dass sie an ihren Intimstellen rasiert ist, während sie – sollte sie sich darüber Gedanken machen – bei mir auf bloße Spekulation angewiesen wäre. Um dieses Informationsübergewicht noch mehr auszukosten, entschließe ich mich zu einer Anspielung. In die Stille hinein beklage ich die Mühen der täglichen Rasur. Mir ist bewusst, dass es mir dabei an Glaubwürdigkeit mangelt, weil ich seit meiner Jugend einen Bart trage.
Sie sagt nichts, ich habe aber den Eindruck, dass sie mich insgeheim als Pharisäer abtut. Da sie gelernt hat, nett zu sein, spricht sie es nicht offen an.
Ich habe jetzt ohnehin andere Sorgen. Ich muss auf die Toilette. Dass Sanitärräume auf mich neuerdings eine besondere Wirkung haben, weiß ich seit dem frühmorgendlichen Erlebnis im Badezimmer. Und jetzt kommt er plötzlich wieder hoch, der Drang, Gutes zu tun. Ich versuche, mich dagegen zu wehren, aber selbst beim Händewaschen ist es mir, als würde das Wasser mir zurufen, ich solle nicht ständig vom Weg abkommen, sondern endlich Gutes tun. Und

der Händetrockner setzt nach: Es sei schon später Nachmittag, und die Zeit für eine gute Tat werde immer knapper. Dann schaltet er sich abrupt aus.
Seufzend kehre ich an den Tisch zurück. Stupsnäschen hat ihren Kaffee ausgetrunken. Ich bestelle ihr einen neuen und lasse es darauf ankommen. Unverblümt frage ich, ob ich für sie etwas Gutes tun könne. Sie fängt wieder an zu blinzeln wie eine defekte Fußgängerampel. Ich frage mich, ob dies ein Kommunikationsversuch ist oder nur ein Tick.
Ohne ihre Antwort abzuwarten, beginne ich laut zu denken. Nicht wir schaffen die Welt durch unsere Vorstellung, erkläre ich ihr, sondern umgekehrt. Wir seien nur eine Reflexion der Welt. Alles, was sich rund um uns ereigne, löse etwas aus, gegen das wir völlig machtlos seien. Wir seien nichts Anderes, sage ich, als eine Ansammlung von Fehldeutungen. Das sei genau genommen alles, was unsere großartige Individualität ausmache. Dass jeder Einzelne die Wirklichkeit falsch deute. Es gebe zwar nur eine Wahrheit, Fehlinterpretationen aber en masse.
Ob es nicht lächerlich sei, frage ich, dass es uns als individuelle Persönlichkeiten, auf die wir so stolz sind, gar nicht gäbe, wenn jeder die Wirklichkeit sehen würde, wie sie ist. Im Grunde genommen würden wir uns nur dadurch unterscheiden, dass jeder die Wirklichkeit etwas anders missversteht. Ich muss lachen.
Sie lacht mit. Aus Höflichkeit, vermute ich, und sicher nicht, weil ich endlich einen Menschen vor mir

habe, der mich versteht. Ihr blödsinniges Blinzeln bestätigt mich in dieser Annahme. Also werde ich wieder unverbindlich und frage nach ihrem Namen.
Bambi.
Ich bin fassungslos. Nein, schreie ich laut auf und erschrecke damit nicht nur Bambi, sondern auch andere Gäste. Ein Kosename habe nur Sinn, wenn er auch zutreffe. Wie man bei ihr nur auf Bambi gekommen sei, entsetze ich mich, wo sie doch alles Andere sei als ein Bambi.
Sie sieht betroffen auf ihre stämmigen Beine und zeigt Einsicht, indem sie nickt. Ich frage, ob ich sie Stupsi nennen dürfe. Sie empfinde dies sogar als Auszeichnung, flötet sie, würde allerdings gerne wieder auf meine Frage von vorhin zurückkommen. Dass ich Gutes tun wolle, finde sie interessant und käme ihr gelegen.
Sollte mich das Schicksal nun zu sich winken? Solltest du, mein Leben, es doch noch gut meinen mit mir?
Was ihr denn so vorschwebe, frage ich Stupsi.
Ihre Augen fangen wieder an zu blinken, als wären sie eine Lichthupe. Ob ich auch an etwas Sexuellem interessiert sei?
Prinzipiell ja, sage ich und fühle mich gleichzeitig unbehaglich, weil es missdeutet werden könnte: als ginge es mir nicht nur darum, Gutes zu tun.
Gerade sexuelle Aktivitäten, sage ich zu Stupsi, trügen oft einen sehr starken Anteil an Fremdnützigkeit

(Back)hefe, interessanterweise im Ostösterreichischen mit weiblichem, im Westösterreichischen mit männlichem Artikel

in sich. Trotzdem müsse man gerade in diesem Zusammenhang immer mit Unterstellungen rechnen. Ob sie nicht einen Wunsch hätte, der ohne sexuelle Komponente auskäme? Etwas Handwerkliches zum Beispiel, wie Glühbirnen wechseln oder einen Nagel einschlagen? Ich könnte mich aber auch in der Küche nützlich machen, sage ich. Niemand neben mir hätte es im Umgang mit Germteig auch nur zu einer einigermaßen vergleichbaren Meisterschaft gebracht.

Stupsi sieht traurig an mir vorbei. Ohne mich anzusehen, streift sie ihren ohnehin sehr kurzen Rock mit einer geschickten Handbewegung noch weiter zurück. Mit tonloser, ja fast verbitterter Stimme erklärt sie, dass sie niemals Zucker zum Kaffee nehme und auch selten einen Büstenhalter trage.

Ich schweige zunächst, weil ich den Eindruck habe, sie wolle mir damit etwas sagen. Ich verstehe es aber nicht. Dann nehme ich den Faden wieder auf und versuche deutlicher zu sein. Lust, sage ich zu Stupsi, hätte ich immer als etwas sehr Zwiespältiges erlebt. Das Gehirn würde alles kaputt machen, sage ich, es denke sich etwas aus, das der Körper niemals spüren könne. Lust sei daher nur eine Idee, so wie das Leben nach dem Tod. Und der Informationsgehalt einer Aussage, dass man selten einen Büstenhalter trage, sei streng genommen minimal.

Stupsi stellt die Lichthupe an. Ihre Augen blinken wieder wie verrückt. Ich hätte ein völlig falsches Bild von ihr, sagt sie. Ihr sei die Lust ihrer Partner immer schon egal gewesen. Wichtig sei ihr nur die eigene Lust. Sie könne mir garantieren, dass es völlig uneigennützig wäre, mit ihr Sex zu haben, und dass ich ganz sicher nicht auf meine Rechnung käme.
Wir schweigen. Ich, weil ich beruhigt bin. Sie, weil sie noch immer zögert, mir zu sagen, worum es wirklich geht.
Die Entschlossenheit, mit der ich den Kamillentee bestellt hätte, habe ihr imponiert. Keine Zögerlichkeiten, klare Anweisungen. In ihren Augen sei ich ein richtiger Mann. Ob jemand kalt oder warm dusche, sei ihr egal. Sie habe es nicht so mit Klischees. Aber dass jemand bei starkem Regen nicht zum Regenschirm greife, das sei ein Zeichen. Sie kenne nicht viele Männer, die in solchen Situationen auf einen Regenschirm verzichteten, sagt sie. Solange es nur tröpfle, spielten alle den starken Mann. Sobald es jedoch zu schütten anfange, beginne die Unterwerfung unter die Naturgewalt.
Stupsi wird immer leiser. Ich kann sie kaum noch verstehen. Es gebe keine Seele, flüstert sie. Das Gefühl stecke im Fleisch, bei ihr konkret in den Oberschenkeln. Schweigend betrachten wir sie beide.
Der Ober kommt wieder an den Tisch, um sich nach weiteren Wünschen zu erkundigen. Auch er starrt jetzt ungeniert auf Stupsis entblößte Oberschenkel.

Korrekt: Gschloder, bezeichnet ein unappetitliches Getränk, hergeleitet vom mitttelhochdeutschen *slote* (Lehmwasser)

Sie wird ärgerlich. Er solle nicht nur schauen, schnauzt sie, er solle tätig werden und ihre Schenkel gefälligst streicheln. Der Ober wird vorsichtshalber förmlich. Es falle ihm schon schwer, in Streichelzoos Ziegen und Schafe zu kraulen. Erst recht sehe er wenig Sinn darin, fremde Oberschenkel zu berühren.
Was denn so schlimm daran sei, gibt Stupsi sich empört. Außerdem sei der Kaffee hier ein ungenießbares Geschlader.
Das sei zu durchsichtig, mische ich mich ein und werfe Stupsi vor, dem Herrn Ober nur seine Widerspenstigkeit heimzahlen zu wollen. Den armen Kaffee bitte ich sie, aus dem Spiel zu lassen.
Bevor sie noch antworten kann, meldet sich ein glatzköpfiger Gast vom Tisch nebenan. Er ersucht uns, Ruhe zu bewahren und zeigt sich erbötig, Stupsis Wunsch zu erfüllen. Er bitte mich allerdings, ihm meinen Sessel zu überlassen, weil er im Stehen Kreuzweh bekomme.
Unwillig räume ich meinen Platz, weil ich den Tee nun stehend austrinken muss. Lange schaue ich da nicht zu, ich winke den Ober, der sich mittlerweile zurückgezogen hat, wieder herbei und verlange nach der Rechnung. Irrtümlich bezahle ich dabei auch Stupsis Konsumation mit. Ich überlege, ob das als gute Tat ausreichen könnte.

Stupsi kann Gedanken lesen. Sie schiebt die Hand des Glatzköpfigen weg und schüttelt den Kopf. So einfach könne ich es mir nicht machen, sagt sie. Dann hängt sie sich bei mir ein und dirigiert mich Richtung Ausgang.

Sie spannt ihren Schirm auf und drückt ihn mir in die Hand. Keine Ahnung, weshalb sie kein Wort sagt. Ich jedenfalls schweige, weil mir nichts einfällt.

Die begrenzten Ausmaße des Damenschirms zwingen uns zu einer körperlichen Nähe, die die Tiefe unserer sehr jungen und oberflächlichen Beziehung maßlos übertreibt und mich trotzdem völlig kalt lässt.

Letztendlich kann man die Beziehungsfähigkeit jedes Menschen auf ein jugendliches Ursprungserlebnis zurückführen, denke ich. Bei mir ist es der im Alter von acht Jahren plötzlich an einer Kinokasse aufgetauchte Wunsch nach einem Coca-Cola, der mir abgeschlagen wurde. Das blieb folgenlos bis zur Pubertät, um dann umso prägender zu werden. An Frauen hat mich seither vor allem die Vorstellung erregt, mit ihnen im Kino zu sitzen, eine Hand auf ihrem Oberschenkel, in der anderen ein möglichst großer Becher, bis zum Rand gefüllt mit Coca-Cola.

In meinen Gedanken verloren habe ich gar nicht bemerkt, dass es aufgehört hat zu regnen. Stupsi hat auch nichts gesagt. Im Gegenteil: Als ich Anstalten mache, den Schirm abzuspannen, schüttelt sie den Kopf. Also gehen wir weiter mit aneinander gepressten Körpern unter dem viel zu kleinen Schirm, der lächerlich wirkt wie jeder Schutz ohne Gefahr. Am Anfang leide ich darunter, von den Entgegenkommenden als Trottel gesehen zu werden. Langsam wird mir aber wieder alles egal. Teilnahmslos lasse ich mich von ihr dahinschleppen. Es kommt mir typisch für mein Leben vor, dass ich mit nassen Füßen und ohne Erwartungen auf ein Ziel zutreibe, das ich gar nicht kenne. Nur die Aussicht auf eine gute Tat, zu der ich – wenn ich Stupsi richtig deute – Gelegenheit haben werde, hält mich aufrecht. Gleichzeitig weiß ich aus Erfahrung: Alles andere als eine Enttäuschung wäre unnatürlich.

Es ist unhöflich, neben einer Frau zu gehen und nichts zu reden. Vielleicht sollte ich die Gelegenheit zu einer Aussprache nutzen? Ich könnte ihr von meiner moralischen Verworfenheit erzählen oder davon, dass mir die Haare ausgehen. Ich könnte auch darüber diskutieren, ob es sich lohnt, ein Deo zu verwenden, wenn wir über kurz oder lang ohnehin sterben müssen. Ich könnte. Aber ich tue es nicht. Sie steuert wer weiß wohin, und ich wanke meiner Zukunft blind entgegen.

Sie habe eine besondere Gabe, sagt Stupsi plötzlich. Sie könne die Seelen von erwachsenen Männern schockgefrieren. Ich nicke, wenn ich auch nicht recht verstehe, was sie meint. Obwohl ich ein überzeugter Hypochonder bin, habe ich meine Seele nie als etwas Körperliches erlebt. Können Gefühle Schnupfen haben, frage ich mich.

Stupsi ist wieder verstummt. Sie schmiegt sich an mich und folgt meinen Bewegungen wie ein nasses Leiberl. Trotzdem hat sie für mich an Unschuld verloren. Ich bin überzeugt, dass ich in eine Falle gehe. Zum Ausgleich hoffe ich auf eine gute Tat.
Wir gehen an einem Auto mit hoch geklappter Motorhaube vorbei. Entsetzt registriere ich das brutale Kinn des Pannenhelfers. Was denken sich die Leute, wenn sie einen Pannenhelfer einstellen mit einem derartig brutalen Kinn, frage ich Stupsi.
Auch sie schüttelt den Kopf. Pannenhelfer und brutales Kinn, das passe nicht zusammen, murmelt sie.
Ich werde nachdenklich. Die fehlende Übereinstimmung zwischen unserem Körper und dem, was wir im täglichen Leben daraus machen, hat mich schon immer beschäftigt.

Wir seien zuhause, sagt Stupsi. Ich antworte, dass mir dieser Begriff fremd sei und ich ihn generell für unpassend hielte. Ok, meint Stupsi, hier sei ihre Wohnung. Jetzt könne ich endlich Gutes tun.
Diese Aussicht gibt mir Kraft.
Sie wohnt im fünften Stock. Während der Fahrt nach oben überlege ich, ob sie zu jenen Frauen gehört, mit denen man im Lift stecken bleiben möchte. Ich glaube eher nicht, aber die Frage ist ohnehin nur hypothetisch.
Sie schlüpft in hochhackige Pantoffel mit einer Plüschdolde. Wenn ich die Farbe ihres Höschens er-

raten würde, sagt sie, hätte ich drei Wünsche offen. Ich tippe auf Rot. Wie sich aber gleich herausstellt, war das eine Finte. Sie lacht und zieht ihren Rock hoch. Sie trage heute kein Höschen, sagt sie, erfahrene Männer würden ihr das schon aus der Ferne ansehen.

Sie solle sich jetzt gefälligst rasch entscheiden, was ich hier für sie Gutes tun könne, fahre ich sie an, für meine Verhältnisse ausgesprochen herrisch. Sie wolle sich nicht entscheiden, sagt sie, das Leben biete so viele Möglichkeiten. Es sei daher abartig, jemandem Entscheidungen abzunötigen. Nur Verrückte würden ständig Entscheidungen treffen. Sie entscheide sich nie. Und damit sei sie immer gut gefahren. Wer sich entscheide, sei nur zu feige, sich ohne Furcht der Zukunft zu überlassen. Wenn mir das nicht passe, sagt sie, könne ich sie gerne beschimpfen.

Ich bezeichne sie als Schlampe, obwohl das nicht der Ton ist, in dem ich mit Frauen gewöhnlich spreche.

Sie ist entzückt. Ob sie nicht sogar eine perverse, geile Schlampe sei, will sie von mir wissen. Ich nicke, was sie zu begeistern scheint. Das ermutigt mich, und ich versuche, das Nützliche mit dem zu verbinden, was sich gehört. Ich bin mittlerweile hungrig geworden. Hast du irgendeinen ungenießbaren Fraß für mich, du geile Schlampe, frage ich, so barsch ich kann.

Ich habe sie offenbar glücklich gemacht. Sie könne mir Ham and Eggs anbieten, stöhnt sie, den Schinken verbrannt und die Eier zu weich.

Das sei ein starkes Stück, versetze ich. Und ehe ich mich versehe, sitze ich auf der Couch, Stupsi überm Knie, und klatsche mit der flachen Hand auf ihr Gesäß. Sie erhebt keine Einwände und wird immer fröhlicher.

Ich überlege, ob das Zusammensein mit einer Frau jemals so einfach und unkompliziert war. Keine Suche nach geistreichen Bemerkungen, kein Herausarbeiten der eigenen Genialität, kein Beleg der Überlegenheit, wie ihn Frauen in solchen Situationen gerne einfordern, sondern einfach monotone, wenn auch rhythmische Schläge.

Stupsi stöhnt in einer Weise auf, die ich nur als Einverständnis deuten kann. Dann aber werde ich unsicher, ob es sich wirklich um ein Stöhnen und nicht um ein Gähnen handelt.

Stupsi bemerkt meine Ratlosigkeit und versucht, das Ruder an sich zu reißen. Sie fordert mich auf, ihr zu sagen, wie hässlich sie sei. Ich sage, dass sie zwar keine Schönheit sei, aber hässlich wäre doch übertrieben. Sie meint, ich verstünde sie nicht – was mich wütend macht.

Daher schlage ihr ihr vor aufzustehen, den Rock auszuziehen, sich auf den Tisch zu stützen und den Arsch weit herauszustrecken. Sie kommt meiner Anregung nach.

Ich starre auf ihren bloßen Hintern und überlege fieberhaft, was ich damit machen könnte. Mir ist klar, dass er eine Einladung bedeutet, aber wozu?

Ich weiß, dass es ungehörig ist, nackte Frauen zu langweilen. Wenn man eine Frau entkleidet, übernimmt man damit auch die Verantwortung, sie zu unterhalten. Mir geht es mit nackten Frauen aber so wie mit Silvestereinladungen. Wenn ich gezwungen bin, unterhaltsam zu sein, bin ich meist erfolglos.

Ich mag es zwar normalerweise nicht, herumkommandiert zu werden. Jetzt bin ich aber ganz froh, dass sie klare Anweisungen gibt. Sie ersucht mich, sie mit dem Gürtel zu schlagen. Glücklicherweise trage ich heute einen Gürtel. Ich möchte gar nicht daran denken, wie peinlich es wäre, wenn ich mich in der Früh für Hosenträger entschieden hätte.

Erleichtert ziehe ich den Gürtel aus den Schlaufen und stelle erfreut fest, dass ich bei dem, was von mir erwartet wird, nicht ohne Talent bin.

Unvermittelt fängt sie an, die Schläge mitzuzählen. Mir ist zwar unklar, wozu das gut sein soll. Um nicht unhöflich zu erscheinen, gehe ich darauf ein und korrigiere sie, wenn sie sich verzählt. Auch sie scheint auf Höflichkeit Wert zu legen und bedankt sich artig nach jedem Schlag.

Keine Ursache, murmle ich, und folge damit einem aus meiner Erziehung stammenden Automatismus.

Meine anerzogene Höflichkeit ist es schließlich auch, die mich verleitet, zusätzlich meine linke Hand einzusetzen, um ihr Lust zu verschaffen. Viel zu rasch gelangen wir zu dem Punkt, ab dem sie übertreibt. Sie lässt sich gehen, was ich nicht besonders schätze.

Ich bin daher versucht, als Zeichen der Missbilligung heftiger zuzuschlagen. Das Bewegungsmuster ist meiner Muskulatur fremd, sodass relativ rasch Ermüdungszeichen eintreten.

Ich bitte daher – schon etwas außer Atem – aufhören zu dürfen. Stupsi lehnt ab. Nicht nur das. Sie wird ungehalten und beginnt mich ob meiner schlechten Verfassung zu verhöhnen. Also mache ich weiter. Und das, obwohl ihre Aussagen zunehmend widersprüchlich sind. Einerseits tut sie kund, sie könne nicht mehr. Wenn ich dann zögere, tut sie mich als faulen Idioten ab, woraus sich für mich der Schluss ergibt, dass sie eine Fortsetzung meiner Bemühungen wünscht.

So bin ich froh, dass sie endlich zu einem heftigen Höhepunkt kommt. Sicherheitshalber warte ich auch noch einen zweiten und dritten ab, dann lasse ich mich erschöpft in einen Sessel fallen. Ich habe den richtigen Zeitpunkt getroffen. Auch Stupsi ist erschöpft. Ohne weiteren Protest legt sie sich auf die Wohnzimmercouch und starrt auf den Plafond.

An mir sei ein Sexspielzeug verloren gegangen, flüstert sie. Ich merke, dass in diesen Worten viel Anerkennung steckt. Trotzdem bin ich traurig, dass sie mich zum Gegenstand macht.

Natürlich ist mir klar, dass das Persönliche überschätzt wird und selten eine Rolle spielt. Meine Traurigkeit ist daher auch keine, die mich zum Verzweifeln bringt. Es ist eher eine, die mich schützt.

Ich beobachte die Kaffeemaschine, mit der mich vielleicht mehr verbindet, als mir bisher bewusst war. Ich bin mir nicht mehr sicher, auf welcher Seite ich eigentlich stehen möchte. Auf der Seite der Lebewesen oder auf jener der Dinge. Die Kaffeemaschine, der Staubsauger, das Bügeleisen. Sie alle können sich ihrer Bestimmung sicher sein. Sie stehen nicht auf so schwankendem Grund wie ich.

Ich weiß nicht einmal, ob ich mich von ihr verabschiedet habe. Frauen wie Stupsi braucht man, denke ich, um das Aufgeben zu erlernen. Ich bin auch nicht sicher, ob ich den Lift geholt habe oder er mich, ob ich die Türe geöffnet habe oder ob sie es war, die mich aus dem Haus hinausgelassen hat.
Draußen bin ich überrascht, dass es schon finster ist. Ein Passant drückt mir eine Bananenschale in die Hand. Ich nehme sie dankend entgegen und bin kein bisschen überrascht.
Planlos schlage ich irgendeine Richtung ein. In der Auslage eines Sexshops liegen Dildos, bunt und in verschiedenen Größen. Nie habe ich mich ihnen so nahe gefühlt. Ich bleibe stehen und zwinkere einer Gummipuppe zu. Sie nickt zurück. Sie erinnert mich daran, dass ich berufen bin, Gutes zu tun.
Ich weiß, seufze ich. Es liegt etwas Feierliches in meinen Schritten, als ich meinen Weg fortsetze.

12.

Da es schon finster ist, wäre ich fast über sie gestolpert. Sie nickt verständnisvoll, als ich sie mit dem Fuß anstoße. Selbst bei Tageslicht falle sie kaum auf, wispert sie. Viele würden sie für ein Phantom halten, so wenig Präsenz gehe von ihr aus.
Sie hat sich aufgesetzt. Neben ihr liegt eine Leinentasche mit einigen Exemplaren einer Obdachlosenzeitung. Sie hat große braune Augen, die einen aufsaugen, wenn man ihr ins Gesicht schaut.
Sie sei der Fleisch gewordene Dylan-Song *Like a rolling stone*, sage ich zu ihr. Das sei ein Kompliment, schließlich würde ich dieses Lied lieben. Man sehe ihr an, dass sie tief gefallen sei, lobe ich sie mit ehrlicher Achtung.
Je weiter man hinausgehe, antwortet sie, umso dünner werde das Eis. Menschen wie sie würden mir Halt geben, sage ich und setze mich neben sie. Sie nimmt meinen Arm, was ich als angenehm empfinde. In ihrer Anwesenheit würde ich meinen Hang zur Verstimmung als etwas ganz Natürliches empfinden, flüstere ich ihr leise zu.
Sie träume von einer Welt, sinniert sie vor sich hin, in der es weder Behüter gäbe noch Behütete. Vernachlässigen sei noch das Beste, was Eltern für ihre Kinder tun könnten. Nur so könne man lernen, sich treiben zu lassen. Nur das bewahre einen davor, die ganze Zeit auf Rettung zu warten.

Das Problem sei nicht das Chaos, fährt sie fort. Es gebe viel zu viel Bestimmung. Rückblickend gesehen – das sei ihr längst klar geworden, obwohl sie noch keine dreißig sei – lebe man immer in die falsche Richtung.

Sie habe es satt, in die Zukunft zu schauen, wo man letztlich doch nur das Ende sehe. Früher habe sie sich von ihrem Körper einschüchtern lassen. Natürlich sei ihr auch heute noch bewusst, dass sich in jeder Körperregung der Tod bemerkbar machen könne. So gesehen sei jedes Aufstoßen eine Gefahr. Aber davon sei sie jetzt nicht mehr zu beeindrucken. Sie habe eine extreme Gleichgültigkeit gegenüber ihrem Körper entwickelt.

Wenn man so tief gefallen sei wie sie, verhalte man sich auch geschlechtlich völlig neutral. Wenn mir danach sei, könne ich daher gerne über sie herfallen. Für sie sei das wirklich kein Problem, sagt sie und nickt mir wohlwollend zu.

Ich lehne ab. Sie dürfe dies nicht als Kränkung empfinden. Aber sie habe etwas Zerbrechliches an sich, das mir jedes sexuelle Empfinden ihr gegenüber als Ungehörigkeit erscheinen lasse. Ob ich Miss Lonely zu ihr sagen dürfe, setze ich zögernd hinzu.

Obdachlose, die in Bob Dylans *Like a rolling stone* besungen wird. Vorbild dafür war möglicherweise die Schauspielerin Edie Sedgwick.

Sie schätze es, wenn sie neue Namen erhalte. Obdachlose würden sich zwar gewöhnlich nicht über die Wirkung definieren, die sie auf ihre Umgebung ausübten. Umso interessanter sei es aber, wahrgenommen zu werden, auch wenn die Ergebnisse oft ziemlich kurios seien. Miss Lonely hat nicht aufgehört, meinen Arm zu streicheln. Ein Exemplar der Zeitung ist dabei aus der Tragtasche gerutscht.
Ich würde mir Sorgen machen, murmle ich, wie es mit Obdachlosenzeitungen weitergehe. Lesen werde sich über kurz oder lang aufhören, was ich bis zu einem gewissen Grad verstehen könne. Eigentlich sei es unverfroren, was man sich mit der Veröffentlichung eines Textes leiste. Was gibt einem eigentlich das Recht, frage ich Miss Lonely, mit einem Text fremde Lebenszeit in Anspruch zu nehmen?
Im Grunde genommen, meint Miss Lonely, sei dies das Dilemma jeder Unterhaltung. Mit jemandem ein Gespräch zu führen, bedeute, die Endlichkeit eines Menschenlebens herauszufordern. Jede Unterhaltung, die über das Notwendige hinausgehe, sei ein Frevel an der Lebenszeit. Genauso wie man übelriechende Abfälle rasch beseitigen sollte, sollten auch Gespräche so schnell wie möglich zu Ende gebracht werden. Sie habe weitgehend aufgehört, sagt Miss Lonely, sich auf Gespräche einzulassen. Sie könne es nicht mehr ertragen, wenn sich die Leute weitläufig durch Laute durchwursteln, bis sie endlich zu einer halbwegs verständlichen Aussage kämen. Schon gar

nichts halte sie von dem heutzutage immer öfter zu beobachtenden Drang, ständig Pläne abzusondern wie ein Körpersekret. Das habe sie längst hinter sich. Gegen das Überhandnehmen von Zukunftsplänen sei ein Konkurs ein ganz probates Mittel, sagt sie. Und je früher er komme, umso mehr Hoffnungen blieben einem erspart.

Bei ihr sei es vor sieben Jahren passiert, da sei sie noch ziemlich jung gewesen. Den Tarockabend werde sie nie vergessen. Natürlich hätten sie schon um relativ hohe Tarife gespielt. Aber das allein sei es nicht gewesen. Sie hätte beim Sechserbock im Radl nicht dauernd retour gehen sollen, dann wäre es sich schon noch ausgegangen. So aber habe das Tarockspiel ihr wirtschaftliches Schicksal besiegelt.

Mehr noch: Sie habe eine tiefe Abneigung, wenn nicht sogar Abscheu gegenüber dem Geldverdienen entwickelt. Diese behindere sie naturgemäß, was das Führen einer bürgerlichen Existenz anbelange.

Sie habe das Tarockspiel bereits in ihrer Kindheit erlernt, sagt Miss Lonely. Und schon damals habe sie das Gefühl gehabt, dass man bereit sein müsse, seine Existenz zu riskieren, wenn man dieses Spiel ernsthaft betreiben möchte.

Ob ich etwa auch Tarock spiele, will Miss Lonely wissen. Die Frage versetzt mich in Panik. Ich spüre, wie meine Hände kalt werden. Ohne Abschiedsgruß und ohne mich noch einmal umzudrehen, stürze ich davon.

[Sechserbock]
Umgangssprachlich für die Tarockansage des „Sechserdreier". Beim „Sechserdreier" spielt man alleine gegen alle anderen Mitspieler. Da der Spieler – statt wie gewöhnlich nur 3 – alle 6 Karten des Talons aufnehmen darf, hat er im Falle einer Niederlage die doppelte Prämie an jeden Mitspieler zu bezahlen.

[im Radl]
Im Radl, das aus verschiedenen Gründen, die hier nichts zur Sache tun, gespielt werden muss, verdoppeln sich alle Spielprämien.

[retour gehen]
Glauben die Gegenspieler, das Spiel zu gewinnen, können sie einen „Schuss" ansagen, was dazu führt, dass sich die jeweilige Spielprämie verdoppelt. Ist der Spieler sicher zu gewinnen, kann er den Schuss kontrieren (retour gehen), womit sich die Spielprämie vervierfacht.

13.

Ich nehme den Weg durch den Park. Er liegt zwar mitten in der Stadt, trotzdem gibt er einem in der Nacht die Illusion von Wildnis. Hier werde ich kaum Gelegenheit haben, Gutes zu tun, mich aber sammeln können. Ich will mir eine Strategie ausdenken, um damit einen Keil in die Zukunft zu schlagen.
Ich habe nicht erwartet, hier angesprochen zu werden. Überhaupt habe ich es nicht so gern, von Fremden angesprochen zu werden. Da bin ich empfindlich. Selbst wenn sich eine Friseurin aus Beflissenheit nach meinem Befinden erkundigt, habe ich Angst, sie könnte damit zu weit in mein Leben eindringen.
Ob ich nicht mitkommen wolle, sagt sie sehr beiläufig und nennt einen Preis. Einige Augenblicke stehen wir uns wortlos gegenüber. Über uns Vollmond und rundherum Wolken in aufdringlich symbolischer Anordnung. Ausgesprochen romantisch. Wie so oft in meinem Leben passt die Natur nicht zu der Situation, in der ich mich gerade befinde.
Grizabella, wende ich mich schließlich an sie und muss dabei an die Katze aus dem berühmten Musical denken, die im Mondlicht nostalgisch auf ihr Leben zurückblickt, weil du eine Unvertraute bist, wage ich es, dir einfach einen Namen zu geben. Und weil du eine Unvertraute bist, habe ich ein – zumindest theoretisches – Interesse daran, dass du glücklich bist. Unglück ist etwas, das ich nur Vertrauten zumuten

kann. Weil ich weiß oder mir wenigstens vorstellen kann, wie sie damit umgehen. Bei Unvertrauten muss man auf Nummer sicher gehen.

Grizabella verzichtet darauf, meine Überlegungen zu kommentieren, und wiederholt ihre Preisangabe mit Nachdruck. Weil ich es sympathisch finde, dass Nutten keine Lockpreise haben mit 99 Cent am Schluss wie Lebensmittelmärkte und Möbeldiskonter, sage ich zu. Grizabella erklärt, sie wisse ein kleines Zimmer.

Es ist nicht weit. Nachdem wir ihr Zimmer erreicht haben und sie die Tür hinter uns zugesperrt hat, lächelt sie mich an und fragt, wie ich es denn gerne hätte.

Ich schrecke davor zurück, ihr rundheraus zu sagen, dass ich gekommen bin, um Gutes zu tun.

Außerdem ist mir bereits beim Betreten des Zimmers klar geworden, was zu tun ist, ohne dass ich ihren Rat gebraucht hätte. Das Zimmer ist in einem fürchterlich unordentlichen Zustand. Ich finde das unpassend, weil sie gerade in ihrem Beruf ständig mit Gästen rechnen muss.

Grizabella legt ihre Oberbekleidung ab. Darunter kommt ein schwarzes Korsett zum Vorschein, das im Schritt zugeknöpft ist. Während sie auch diesen Verschluss öffnet, wirft sie mir ein paar Anzüglichkeiten an den Kopf. Der vertrauliche Ton, den sie dabei anschlägt, ist nur schwer auszuhalten. Ob ich sie bitten kann, mir nicht zu nahe zu kommen?

Dann fange ich an, Ordnung in ihrem Chaos zu schaffen. Als erstes lege ich ihre achtlos im Zimmer verstreute Wäsche zusammen. Danach werfe ich den Staubsauger an. Eine tiefe Genugtuung, wie viel man damit bewirken kann! Dies stimmt mich milde, und ich lächle Grizabella freundlich an.

Sie liegt auf dem Bett und bemüht sich um eine laszive Haltung. Ich bitte Grizabella, es nicht persönlich zu nehmen, aber objektiv gesehen sei es angesichts ihrer mäßigen Figur aussichtslos, lasziv zu erscheinen. Sie widerspricht und bedient sich dabei einer sehr groben, eigentlich vulgären Sprache. Mehrfach fällt das Wort Arschloch.

Ich stelle den Staubsauger ab und nehme ein Staubtuch zur Hand, mit dem ich sorgfältig über die Kästen streiche. Endlich habe ich den Eindruck, Gutes zu tun. Das macht mich Grizabella gegenüber versöhnlich.

Obwohl sie nicht aufhört, mich zu beschimpfen, und mir gleichzeitig ihre entblößte Scham entgegenstreckt, als wolle sie mit dem Finger auf mich zeigen, bleibe ich nachsichtig. Ich bin überzeugt davon, dass das, was sie sagt, nicht wirklich ihre Meinung ist. Sie ist Opfer ihrer Rolle. Ich bin erwachsen genug zu begreifen, dass dieses ständige Spiel der Erwartungen, dem Nutten ausgesetzt sind, einem die Freude am Leben nehmen kann. Das behalte ich aber für mich.

Stattdessen packe ich den vollen Abfalleimer und bringe ihn zur Mülltonne im Hof. Als ich wieder den Koitus vollziehen, bei Grimm findet sich angeblich schon der Hinweis, dass der Minnesänger Oswald von Wolkenstein den Koitus mit einer jungen Schnitterin metaphorisch als Vogelfang beschreibt.

zurückkomme, ist die Tür ins Schloss gefallen, und Grizabella öffnet erst nach minutenlangem Sturmläuten.
Sie ist noch immer untergriffig und wirft mir vor, abartig zu sein. Wieder verwendet sie den Ausdruck Arschloch. Außerdem solle ich sie endlich vögeln.
Liebe Grizabella, sage ich – weiterhin nachsichtig – zu ihr. Die Menschheit hat eine Sprache entwickelt, die es erlaubt, Gefühle differenziert auszudrücken, ohne dass man dabei vulgär werden muss.
Ich gehe in die Küche und mache mich über den Berg von schmutzigem Geschirr her. Liebe Grizabella, wiederhole ich mit lauter Stimme, damit sie mich hören kann. Das Leben brauche manchmal eine harte Hand. Das Leben verlange nach einem Sinn. In einer Situation wie heute müsse ich Staubsauger und Geschirrspüler deutlich über ihre Reizwäsche stellen. Es gebe eben auch Zeiten, in denen man sich der Verantwortung nicht entziehen könne. Derzeit trüge ich die Verantwortung für ihr verschmutztes Geschirr, erkläre ich ihr. Arschloch, sagt sie und wiederholt, dass ich abartig sei. Ich ermahne sie, ihren Ton zu überdenken, lasse mich aber keine Sekunde davon abbringen, das Geschirr weiterhin sorgfältig in den Geschirrspüler zu schlichten.

Daraufhin ändert Grizabella ihre Strategie. Die Art, wie ich das Geschirr einräume, flüstert sie, mache sie supergeil. Ich nicke verständnisvoll. Auch ich sei erregt, sage ich. Was mich in Stimmung bringe, sei die bedingungslose Ordnung, die von der Struktur der Körbe im Geschirrspüler ausgehe. Mich fasziniere dieses Zwangsläufige, das so ganz anders sei als das menschliche Leben in seiner unbegreiflichen Beliebigkeit.

Grizabella streicht mit der Handfläche über ihre Scham und stöhnt mit nicht unoriginellem Timbre. Sie spricht damit eine Ebene an, die mir vom Intellekt her immer fragwürdiger erscheint, auf die mein Körper aber reagiert. Ich überlege kurz, sie doch flachzulegen, zumal ich mit dem Geschirreinräumen fertig bin. Dann aber denke ich, dass das wieder eine jener Erfahrungen werden wird, mit denen man später nichts mehr anfangen kann.

Um diese Jahreszeit wird es früh hell. Und ich habe zumindest ansatzweise das Gefühl, etwas geleistet zu haben. Ich bin aber überzeugt, dass es mehr sein könnte und das Schicksal von mir noch etwas erwartet. So ein komischer Kauz sei ihr noch nie untergekommen, meint Grizabella und gibt mir damit das Gefühl, etwas Besonderes zu sein. Während sie sich anzieht, schüttelt sie ständig den Kopf, offenbar in der Absicht, mich damit zu kränken. Es gelingt ihr aber nicht, mir meine Freude darüber zu vertun, ein kleines Stück meiner Mission erfüllt zu haben.

Mir fällt ein, dass ich als Kind davon geträumt hatte, einmal der Lieblingskunde einer Prostituierten zu sein. Dieses Ziel hätte ich heute zweifellos verfehlt. Mittlerweile ist mir wichtiger, dass die Teller sauber und die Kästen abgestaubt sind. Die persönliche Anerkennung, die Grizabella mir verweigert, bedeutet mir, je älter ich werde, ohnehin immer weniger.

In meinem Leben habe ich gelernt, niemanden zu brauchen. Wenn ich jemanden kennenlerne, bemühe ich mich von Anfang an, zu beweisen, dass ich auch ohne die Person auskommen kann. Mir war immer wichtig, im Kontakt mit anderen glitschig zu bleiben. Niemand bekommt mich zu fassen. Um die Situation nicht eskalieren zu lassen, sage ich das alles aber nicht, sondern denke es nur still bei mir.

Aus Gutmütigkeit und um ihre Erwartungshaltung doch noch zu befriedigen, öffne ich vor dem Weggehen noch schnell den Hosenschlitz. Ich freue mich, dass mich mein Körper dieses Mal nicht in Stich lässt und verbuche das als weiteren Erfolg.

Mir wird beim Oralverkehr immer schnell langweilig. Da Grizabella die Augen geschlossen hält, kann ich ungeniert ihr Gesicht betrachten. Vielleicht, denke ich, ist sie eine Lyrikerin, die ihren Körper deshalb verkauft, weil man von Gedichten nicht leben kann. Vielleicht fallen ihr gerade tolle Verse ein, während sie mir einen bläst.

Als ich wieder aufsehe, steht der Wanderprediger in der Tür. Da ich seinen Namen nicht weiß und er eine

Armbrust in der Hand hält, will ich ihn Wilhelm Tell nennen. Es macht mich unruhig, dass er die Armbrust spannt.

Ich weiche einen halben Schritt zurück. Es ist bestimmt nicht Lust, sondern Gewissenhaftigkeit, die Grizabella veranlasst, die Rückwärtsbewegung mitzumachen, um ihre Arbeit nicht unterbrechen zu müssen. Ihr Berufsethos ehrt sie, ist aber in der jetzigen Situation fatal. Ich kann das Surren des heranfliegenden Pfeiles hören. Grizabella bleibt nicht viel Zeit, das Geräusch zu orten, weil sich der Pfeil schon tief in ihre Halsschlagader bohrt. Da waren gerade noch meine Eier, denke ich.

Grizabella sieht mich ein letztes Mal an. Es ist ihr anzumerken, dass ihr plötzlicher Tod sie überrascht. Mein Pulsschlag, der ihre Bemühungen zuvor gleichgültig hingenommen hat, beschleunigt sich.

Subjektiv habe ich den Eindruck, dass ich in erheblicher Gefahr bin. Objektiv ist das natürlich Unsinn. Eine Armbrust ist kein Maschinengewehr. Wilhelm Tell hat sein Pulver verschossen. Scheiße, sagt er, und macht sich grußlos davon.

Mich überkommt die typische Enttäuschung, die sich einstellt, wenn man bei einer sexuellen Aktivität den Höhepunkt nicht erreicht hat. Dann fasse ich mich aber und verspüre so etwas wie Mitleid mit Grizabella.

Sie rührt sich nicht mehr, und daran wird sich auch nichts mehr ändern. Es ist oft besser, relativ jung aus dem Leben zu scheiden, bevor man den richtigen Zeitpunkt verpasst, murmle ich. Es klingt wie eine Entschuldigung, obwohl es eigentlich nicht ich bin, der sich zu entschuldigen hat.

Ziellos schlendere ich durch die jetzt menschenleere Linzer Altstadt. Ich spüre eine unangenehme Melancholie in mir hochsteigen, die durch den Anblick einer überquellenden Mülltonne noch verstärkt wird. Scherben, weggeworfene Papiertaschentücher, Erbrochenes. Ich weiß, so beginnt eine Depression.
Während ich durch die Gassen schleiche, versuche ich mir die Welt flauschig zu denken. Aber selbst eine Katze, die vor mir sitzen bleibt, starrt angewidert in die Finsternis. In keinem der Häuser brennt Licht. Die Leute machen es sich sehr einfach, denke ich ernüchtert. Sie schlafen in ihren Ikea-Betten und haben keinen Schimmer, wie unbehaglich die Nacht sein kann.
Die Depression hat mich endgültig erreicht. Es überrascht mich in dieser Verfassung nicht, dass die einzige Menschenseele, die plötzlich vor mir auftaucht, der alte Knacker mit dem Stock ist. Ich treffe ihn heute schon zum dritten Mal. Das muss etwas bedeuten, denke ich. Eine höhere Macht muss ihre Hände im Spiel haben. Das kann kein Zufall sein. Vielleicht ist er es, der meine Hilfe sucht und dem ich Gutes tun kann. Vielleicht bin ich jetzt endlich am Ziel. Tatsächlich.

Als mein forschender, seinen Körper erwartungsvoll abtastender Blick nach unten gleitet, bemerke ich es: Seine Hosentür steht offen. Mir stockt einen Moment der Atem vor Aufregung. Dann mache ich ihn darauf aufmerksam.

Er dankt kurz angebunden und zieht den Reißverschluss in aller Ruhe zu. Eigentlich fühle ich mich von meinem Schicksal wieder düpiert. Wenn dieses Missgeschick den amerikanischen Präsidenten ereilte, in einem von Millionen gesehenen Fernsehduell. Oder wenn es eine große Menge beträfe. Wenn etwa aufgrund eines technischen Defekts in der Reißverschlussindustrie Massen von Männern mit offenen Hosentüren durch die Straßen liefen. Dann hätte ich meine Mission vielleicht erfüllt. Mit einem einzign Einschreiten, noch dazu um halb zwei Uhr nachts, wo ein solches Malheur höchstwahrscheinlich ohnehin unbemerkt geblieben wäre, mache ich mich vor dem lieben Gott aber lächerlich.

Ich lasse den Alten links liegen und erreiche den Hauptplatz. Um diese Zeit wäre ich dort mutterseelenallein, stünde nicht plötzlich Wilhelm Tell vor mir, hörbar außer Atem. Das Zusammentreffen beunruhigt mich. Ich mache mir nichts vor. Entweder hat er es noch immer direkt auf mich abgesehen oder zumindest indirekt, weil ich immerhin Zeuge der von ihm an Grizabella begangenen Straftat bin.

Obwohl er höflich grüßt, ist mir nicht wohl zumute. Immerhin muss ich ernsthaft in Erwägung ziehen, dass er mich und nicht Grizabella treffen wollte, es sich also um einen Fehlschuss gehandelt hat, den er jetzt zu korrigieren beabsichtigt. Klarheit kann ich mir aber nicht verschaffen, weil ich nicht wage, ihn auf den Vorfall anzusprechen. Die Frage könnte ihn verletzen und die Antwort mich noch mehr beunruhigen.

Ob er daran glaube, dass alles gut ausgehe, plappere ich drauf los. Er antwortet nicht sofort. Ohne es zu wollen, habe ich ihn nachdenklich gemacht. Es sei ihm nicht angenehm, darüber zu sprechen, sagt er schließlich. Das sei für mich okay, beeile ich mich zu sagen.

Er widerspricht im Flüsterton, so eine Frage könne man nicht einfach im Raum stehen lassen. Er habe die Erfahrung gemacht, dass alles zu einem guten Ende führe. Und auch, dass in jedem Anfang ein Ende stecke. Es komme daher zu einer ungeheuren Potenzierung der guten Enden. Die ganze Welt sei ein gutes Ende zur Potenz.

Was für ein Narr, denke ich, und nur die Armbrust in seiner Hand bewahrt ihn davor, dass ich das auch laut sage. So wende ich nur ganz vorsichtig ein, es könne dauern, bis es zum guten Ende komme.

Ja, sagt er, man müsse Geduld haben. Unsere Zeit sei ohnehin von Langlebigkeit geprägt. Es sei heute leichter, geduldig zu sein als im Mittelalter oder in der Antike, wo die Lebenserwartung deutlich kürzer war. Es gebe aber heutzutage auch zunehmend Menschen, die das gute Ende einfach übersähen, denen das gute Ende nicht einmal mehr auffiele.

Wir schweigen.

Auch die Frage des Schicksals sei mittlerweile geklärt, stößt er schließlich hervor. Und er sei bereit, mir alles zu erklären.

Ungeheuerlich, denke ich. Ich glaube ihm kein Wort. Schluss mit der Maskerade. Ich will endlich wissen, was er mit mir vorhat. Mit dem Mut der Verzweiflung spreche ich ihn auf seine wahren Absichten an.

Das sei aus seiner Sicht im Moment nicht wichtig, antwortet er unwillig. Ich widerspreche. Für mich hänge von der Antwort auf diese Frage einiges ab, gebe ich zu bedenken. Er ist verärgert. Ich würde mich viel zu wichtig nehmen, wirft er mir vor. Ich *sei* wichtig, entgegne ich trotzig, nicht nur für mich. Ich hätte den Auftrag, Gutes zu tun. Überleben sei also nicht nur in meinem Interesse.

Er schüttelt verständnislos den Kopf und sieht traurig aus. Ob ich Lust hätte, mit ihm eine Käsekrainer zu essen, mit Senf und scharfem Kren. Der Würstelstand am Taubenmarkt habe auch um diese Zeit noch offen. Ich hadere kurz mit mir, schließlich siegt aber das Bedürfnis, nach einem Tag Hungern endlich feste Nahrung zu mir zu nehmen.

Eben war ich für ihn noch so wichtig, dass er auf mich geschossen hat, denke ich verbittert. Jetzt geht er voran und dreht sich nicht einmal mehr nach mir um.

14.

Jetzt weiß ich, woher ich sie kenne. Ab und zu komme ich bei diesem Würstelstand vorbei. Es ist wahrscheinlich der beste, den es in Linz je gegeben hat. Abgesehen vom Bosna-Sepp vielleicht, aber der ist Geschichte.
Auch Puppi hat mich sofort erkannt. Das merke ich, obwohl ihr Stand von einigen Kunden umlagert ist. Ich überlege, den Plan mit der Käsekrainer wieder zu verwerfen. Es ist mir peinlich, dass sie sich an meine sexuelle Unzulänglichkeit erinnern könnte. Mehr noch: dass sie es womöglich schon herausposaunt haben könnte. Vielleicht hat sie mich bereits dazu benutzt, ihren Kunden die Zeit zu vertreiben und sie davon abzulenken, dass eine Burenwurst zulange im kochenden Wasser gelegen und aufgesprungen ist. Wer weiß, was einer Würstelfrau einfällt, wenn sie Reklamationen ausgesetzt ist.
Zaghaft geselle ich mich zu den anderen. Neben mir steht ein Besoffener mit aufgedunsenem Gesicht. Seine Verachtung glaube ich in der Art zu spüren, wie er in sein Leberkässemmerl beißt. So beißt nur jemand zu, der für sexuelles Versagen keinerlei Verständnis hat. Puppi, klage ich sie in Gedanken an, wieso hast du dein Plappermaul nicht halten können?

Grobe österreichische Brühwurst, seit dem 19. Jh. in Gebrauch. H.C. Artmann hat ihr mit „Im Schatten der Burenwurst" ein literarisches Denkmal gesetzt.
[ein paar Seiten weiter] Bosna: österr. Version des Hotdog mit Balkancharakter

Ich bin dem Besoffenen eine Erklärung schuldig, weiß aber nicht, wie ich anfangen soll. Noch nie habe ich mich mit einem Wildfremden über Potenzprobleme ausgetauscht. Gleichwohl ist es eine Frage der Ehre. Am eindeutigsten wäre wohl, an Ort und Stelle und vor Zeugen den Gegenbeweis anzutreten. Puppi ist allerdings so beschäftigt, dass sie auf meine Bemühungen wahrscheinlich gar nicht reagieren würde. Das könnte, fürchte ich, ein schlechtes Licht auf meine Fähigkeit werfen, Frauen in Ekstase zu versetzen. Außerdem, denke ich, hat sie es nicht verdient. Mir bleibt also keine andere Wahl, als mich dem Leberkässemmerlesser zu offenbaren – obwohl ich schon jetzt weiß, was er mir trotz seiner heftigen Alkoholisierung antworten wird. Ich sei eine Zumutung, wird er mir an den Kopf werfen. Versager wie ich hätten hier nichts verloren, denn sie würden den Würstelstand durch ihre bloße Anwesenheit entweihen. Versager wie ich, wird er sagen, sollten eindeutig markiert werden, damit eine Frau keine Sekunde an so jemanden verschwenden müsse. Versager sollten, sobald sie sich in der Öffentlichkeit bewegten, verpflichtet werden, einen deutlichen Hinweis am Hosenschlitz anzubringen. Nur so könnten Frauen geschützt werden vor falschen Hoffnungen, geschweige denn Erwartungen.
Ich nehme mir trotz der ungünstigen Ausgangsposition ein Herz. Alles im Leben sei Taktik, sage ich zu ihm. Das Schicksal sei ein Schachspieler, der

mit Weiß beginnt. Und wir seien die, die mit Schwarz nachziehen. Wir müssten uns entscheiden. Wir könnten auf remis spielen oder aufs Ganze gehen. Ich sei gewohnt, aufs Ganze zu gehen, erkläre ich. Ich würde mich immer bemühen, etwas Überraschendes zu machen, etwas, das das Schicksal von mir nicht erwartet hat.

Der Besoffene rülpst. Es sei ihm schlecht. Ich bin unsicher, ob das auf seine Alkoholisierung zurückzuführen ist oder auf meine Gesellschaft.

Für einen kurzen Moment spekuliere ich damit, anstelle der Käsekrainer eine Burenwurst zu bestellen. Ich verwerfe den Gedanken allerdings gleich wieder. Es ist mir schon unangenehm genug, das Wort an Puppi zu richten. Würde ich eine Burenwurst in Auftrag geben, liefe ich in meiner Situation zudem Gefahr, das Andenken an den großen H. C. Artmann zu beschmutzen, was ich mir nicht verzeihen könnte.

Der Besoffene hat mir noch etwas zu sagen. Es ist ihm anzumerken, welche Anstrengung es ihn kostet, aber es scheint ihm wichtig. Ich sei das Letzte, keucht er mir seine ganze Abscheu ins Gesicht.

Ich nicke und bleibe stumm, weil ich keine Gegenargumente finde. Selbst die Art, wie er von dannen torkelt, drückt seine Verachtung aus. Ich kann ihn verstehen.

Ich versuche, Puppis Blick auszuweichen, und sehe beschämt zu Boden. Eine Bestellung kommt unter diesen Umständen keinesfalls in Frage.

Ob ich keine Käsekrainer wolle, fragt Wilhelm Tell, er habe seine schon bestellt. Ich hätte mich noch nicht entschieden, entgegne ich, um Zeit zu gewinnen, zwischen Käsekrainer und Bosna.
Bosna, wiederholt er mit zynischem, fast wütendem Unterton. Ich muss unwillkürlich an seine Armbrust denken. Er halte nichts von diesem kitschigen Heimat-Gesumse. Gestickte Deckerl, Trachtenanzüge und Christbaumkugeln seien ihm ein Gräuel. Am Würstelstand aber entscheide sich, wer zu Mitteleuropa halte. Eine Bosna, höhnt er giftig, wieso nicht gleich ein Döner oder eine Frühlingsrolle? Er werde für mich jetzt eine Käsekrainer ordern, erklärt er.
Ich wehre ab, zumal ich es nicht schätze, wenn sich ein Fremder in mein Leben einmischt. Es gibt natürlich Situationen, in denen man über einen Eingriff von außen nicht unfroh ist. Wenn das Auto nicht anspringen will oder man angefahren wird und bewusstlos ist. Am Würstelstand jedoch will man selbst bestimmen.
Puppi hat ihm gerade seine Käsekrainer vorgesetzt. Noch immer hat sie kein Wort mit mir gesprochen. O Puppi, denke ich, wie muss ich Dich verletzt haben.
Wilhelm Tell reißt mich aus meinen Gedanken. Ich solle mir einen Ruck geben. Eine Käsekrainer zu bestellen, sei keine folgenschwere Entscheidung, bellt er mich an. Jede Entscheidung habe das Zeug, Folgen zu haben, kontere ich. Absolut jede. Es sei daher

nicht angebracht, Entscheidungen zu bagatellisieren. Ich habe mich in Feuer geredet, weil ich weiß, dass ich Recht habe.

Er schneidet ein kleines Stück von seiner Wurst ab. Der Saft spritzt heraus – eine durchaus normale Reaktion einer frisch gebrühten Käsekrainer, in die hineingeschnitten wird. Trotzdem wird der Wanderprediger wütend. Scheiße, verkündet er und tut so, als hätte er etwas Wichtiges gesagt.

Ich finde ihn plötzlich lächerlich. Ich kann mich nur mehr wundern, dass ich bis vor kurzem Angst vor ihm hatte. Er legt die Gabel, an der das abgeschnittene Stück steckt, vor sich hin. Wütend starrt er auf den Pappteller. Er solle sich nicht so anstellen und endlich beginnen, sage ich. Würstelessen sei schließlich keine Teezeremonie.

Ich habe ihn wieder verärgert. Er revanchiert sich, indem er jetzt tatsächlich eine Portion für mich bestellt. Puppi ist professionell genug, sie mir hinzustellen, ohne viel Aufhebens zu machen. Ich bin ihr dafür dankbar und fasse ein ordentliches Trinkgeld ins Auge.

Ob ich die Käsekrainer sofort zu verzehren beabsichtige, erkundigt er sich, während er seiner Portion einen wütenden Blick zuwirft. Keiner von uns hat bisher auch nur einen Bissen gegessen. Ob ich ihm vertrauen würde, will er wissen.

Es sei pure Verzweiflung, die einen zum Vertrauen zwinge, entgegne ich. Deswegen sei Vertrauen etwas

Zwangsläufiges. Es sei wie Atmen oder der Herzschlag. Vertrauen sei etwas, dem man sich nicht widersetzen und das man nicht kontrollieren könne. Insofern komme man gar nicht daran vorbei, jedem zunächst einmal zu vertrauen.

Er widerspricht wieder. Es sei eigentlich eine Zumutung, faselt er, wenn einem vertraut würde. Das sei lediglich der Versuch, den anderen für die eigenen Zwecke zu instrumentalisieren. Ein Akt der Gewalt sei es, jemandem zu vertrauen und keine Rücksicht darauf zu nehmen, ob derjenige das überhaupt wolle. Es komme ohnehin immer alles, wie es kommen müsse, philosophiert er weiter vor sich hin. Die Käsekrainer zum Beispiel würde unweigerlich kalt, wenn man sie unberührt stehen ließe.

Im Moment stößt mich diese pessimistische Sicht der Dinge ab. Immerhin befinde ich mich noch immer auf der Mission, Gutes zu tun.

Dass die unberührte Käsekrainer kalt werde, beschwichtige ich, liege in ihrer Natur und geschehe nicht aus böser Absicht. Nahrungsmittel seien nicht boshaft, das dürfe man nicht einmal einer scharfen Chilischote unterstellen oder einem Knollenblätterpilz. Eine Käsekrainer sei auf ihre Art sogar ehrlicher und authentischer als eine Frau. Ich sage das so laut, dass es auch Puppi hören kann. Der Umstand, dass ich sie damit, wenn auch durch die Blume, beschimpfe, gibt mir die Kraft, bei ihr eine Portion Silberzwiebel zu bestellen. Ich verwerfe den Plan vom ordent-

lichen Trinkgeld, weil dies als Eingeständnis meines
Versagens gedeutet werden könnte.
Schon fühle ich mich viel besser als noch vor ein paar
Minuten. Plötzlich habe ich keine Lust mehr, als Versager dazustehen. Es sei diese Sucht, immer an allem
schuld zu sein, die mir das Leben häufig unerträglich
mache, wende ich mich, meine Scheu überwindend,
direkt und laut an Puppi. Endlich spüre ich auch den
Mut, in die Käsekrainer zu beißen, zögere dann aber
doch wieder, weil Wilhelm Tell seinerseits keine Anstalten macht, den vor geraumer Zeit abgetrennten
und noch immer vor ihm liegenden Happen in den
Mund zu stecken. Meinem Eindruck nach hat sich
unser Verhältnis mittlerweile normalisiert.
Wilhelm Tell schlägt jetzt einen versöhnlichen Ton
an und beginnt, das Hohelied der kalten Käsekrainer
zu singen. Es gebe Dinge, die besser würden, wenn
man sie lang genug liegen ließe. Das gelte nicht nur
für schweren Bordeaux oder Schlierbacher Quargel,
sondern eben auch für die Käsekrainer.
Es sei bedauerlich, dass noch kein Würstelstand auf
die Idee gekommen sei, geeiste Käsekrainer anzubieten, oder gar, er kommt ins Schwärmen, Käsekrainer
on the rocks. Ketchup halte er für einen unverzeihlichen Irrweg, der kalten Käsekrainer hingegen, davon
sei er restlos überzeugt, gehöre die Zukunft.

Sauermilchkäse mit Rotschimmel aus der Käserei des
Stiftes Schlierbach nahe der oberösterreichischen Kleinstadt
Kirchdorf an der Krems

Ich halte das für Geschwätz. Trotzdem kann ich der Idee etwas abgewinnen, mein Essen weiter auskühlen zu lassen, zumal ich dringend austreten muss. Ich bitte Wilhelm Tell daher, meinen Teller im Auge zu behalten, und überlege, wo man rund um den Linzer Taubenmarkt um drei Uhr früh am besten sein Geschäft verrichten kann.

Der McDonald's hat schon zu, und gegen die Lokale, die um diese Zeit noch geöffnet sind, habe ich wirtschaftlich begründete Vorbehalte, weil man dort die Toilette nicht ohne Konsumation benutzen darf. Also bleibt nur, mein Wasser unter freiem Himmel abzuschlagen.

Die Suche nach einer geeigneten Örtlichkeit gestaltet sich komplizierter als gedacht. Gegen eine Hausmauer zu pinkeln, kommt für mich auf keinen Fall in Frage. So tief darf ich niemals sinken.

Vorsichtshalber öffne ich mein Hosentor, um in Sekundenschnelle reagieren zu können, sobald eine geeignete Stelle auftaucht. Einmal mehr bin ich mit den Funktionen meines Körpers nicht einverstanden. Wie schön wäre es doch, denke ich, wenn es eine unverfängliche und diskrete Möglichkeit gäbe, den Inhalt seiner Blase abzulassen.

Hinter dem Hauptpostamt entdecke ich schließlich eine kleine Rasenfläche. Als ich mich gerade in Stellung bringe, kommt Stupsi mit einem Pudelrüden vorbei, der ohne Zögern sein Bein hebt. Noch nie habe ich um drei Uhr früh mit einem Pudel um die

Wette uriniert. Obwohl mich mit dem Tier an sich nichts verbindet, entsteht eine Art von Kollegialität, wie man sie nur aus überfüllten Pissoirs kennt.

Als der Pudel fertig ist, wirft er mir einen vielsagenden Blick zu. Es ist mir daher vor ihm peinlicher als vor Stupsi, dass ich nur mit Mühe einige Tropfen herausgequetscht habe. In meinem Leben gibt es nie ein Happy End, denke ich. Um von dem Desaster abzulenken, grüße ich Stupsi höflich und frage, ob sie kalte Käsekrainer mag.

Ich bin zuversichtlich, dass sie auf mein Angebot eingeht. Denn ich merke genau, wenn Frauen in der Stimmung sind, mir Recht zu geben, egal wozu. Ich habe den unrühmlichen Abschied von ihr noch nicht vergessen und gönne ihr aus ehrlicher Boshaftigkeit die kalte Käsekrainer, zumal ich mir selbst dann eine frische bestellen kann.

Tatsächlich willigt sie sofort ein. Das treffe sich hervorragend, flüstert sie. Sie sei ohnehin mit Moby Dick verabredet, am Taubenmarkt. Den Würstelstand hätte ich Moby Dick, soweit sie wisse, gestern Vormittag auf der Parkbank empfohlen. Früher habe er sich nur für Steckerlfische interessiert, sagt sie. Aber gestern Abend habe er von dem mystischen Erlebnis geschwärmt, bei Sonnenaufgang eine Käsekrainer am Taubenmarkt zu speisen.

Während wir uns zum Würstelstand aufmachen, versuche ich den Blicken des Pudels auszuweichen. Auch vermeide ich es, Stupsi anzusehen. Ich fühle mich ihr gegenüber zu nichts mehr verpflichtet, und die Einladung zur Käsekrainer hätte ich sicher nicht ausgesprochen, wenn mein Strahl imposanter ausgefallen wäre. Auch sie hat offensichtlich keinen gesteigerten Bedarf an Erfahrungsaustausch und folgt mir schweigend. Kurz vor dem Würstelstand steigen wir über Miss Lonely, die vermutlich einen Rausch ausschläft. Es macht mir keine Mühe, sie nicht zu beachten.

Wilhelm Tell ist verärgert. Er sei schon fertig, meckert er. Auf meine Portion habe er bis jetzt aufgepasst, wegen der Tauben, die sich sonst über die Würstel hergemacht hätten wie Geier über Cowboys, die in den Wüsten von New Mexico verwesen. Wenigstens sei mein Essen jetzt wirklich kalt, schnaubt er und zieht ab.

Eigentlich bin ich froh, dass er weg ist. Ich schiebe Stupsi die kalte Käsekrainer hin und wende mich an Puppi. Ich kann ihr noch immer nicht in die Augen schauen. Bei der Bestellung der nächsten, für mich gedachten Portion halte ich daher Blickkontakt mit dem Elektrogriller. Aus den Augenwinkeln nehme ich wahr, dass sie trotzdem reagiert, und freue mich darüber. Ich bitte noch um etwas Senf.

Nachdenklich beiße ich in die heiße Wurst. Stupsis Vergleich mit dem Sexspielzeug fällt mir wieder ein. Ich bin sofort verbittert, versuche, mich von ihr abzulenken und mich zu fragen, was Puppi jetzt wohl von mir denkt. Stupsis ultrakurzer Mini funkt aller-

dings dazwischen. Mir fällt neuerlich auf, wie fest ihre Beine sind.
Stupsi sagt noch immer nichts. Irgendwie habe ich das Gefühl, dass sie Sehnsucht nach ihrem Spielzeug hat. Ich kann diesem Ansinnen nichts Positives abgewinnen, selbst wenn sie mir damit das Gefühl gäbe, gebraucht zu werden.
Noch immer empfinde ich es als Demütigung, von Stupsi zum bloßen Sexualobjekt degradiert worden zu sein. Ich wehre mich dagegen, indem ich schlecht über Stupsi denke. Die Brüste zu klein, das Gesäß zu groß, verhöhne ich sie in Gedanken. Ich hätte mir eine Bosna bestellen sollen mit extra viel Zwiebel, um ihr einen Strich durch die Rechnung zu machen. Als ich zu essen beginne, beißt auch Stupsi zu. Meine Portion ist schön heiß, ihre sicher eiskalt. Ihrem Pudel gönnt sie kein Stück. Wir wischen uns gleichzeitig den Mund ab. Dann breche ich das Schweigen. Ich frage mich, sage ich zu Stupsi, worin wohl der erotische Reiz dicker Oberschenkel zu finden ist.
Stupsi scheint diese Frage nicht unangenehm. Sie habe viel über dieses Thema nachgedacht, und es sei gar nicht so leicht, jemanden zu finden, mit dem man sich sinnvoll darüber austauschen könne. Sie komme ja aus der Erotikbranche. Beim Sex könne man sich alles anlernen, sagt Stupsi. Selbst grausliche Sachen. Dass man auf dreckige Fingernägel geil werde, zum Beispiel. Da finde sie dicke Oberschenkel nicht so schlimm. Ihr sei schon klar, weshalb ich auf

dieses Thema komme. Sie wisse, dass das ihr großer Trumpf sei, ihr Gstieß sozusagen. Die Kombination aus dicken Oberschenkeln, kurzem Rock und dunklen Strapsen, das habe ihrer Erfahrung nach die Männer immer verrückt gemacht. Überhaupt könne man die Erotik, sagt sie, mit dem Tarockspiel vergleichen. Wohlgeformte Schamlippen würden in der Regel unterschätzt und hätten eher den Stellenwert des Pagat, weil damit nur schwer ein Stich zu machen sei. Große Brüste hingegen, Stupsi konstruiert aus durchsichtigen Gründen ein verächtliches Auflachen, kämen aus erotischer Perspektive einem Skatindel gleich.

Ich habe im Augenblick keine Lust, Stupsi zu beleidigen und widerspreche ihrer ungerechten Bewertung der weiblichen Brüste nicht, obwohl mir mit Blick auf ihr Dekollete der Ausdruck Hängeskatindel in den Sinn kommt, den ich vom Klang her schön finde. Was das Anlernen sexueller Reize anlangt, liege sie völlig falsch, sage ich laut zu ihr, vielleicht etwas zu forsch, weil es mich ärgert, dass ich sie geschont und darauf verzichtet habe, das Wort Hängeskatindel in den Mund zu nehmen, obwohl es mir gefällt. Sexuelle Reize könne man sich nicht anlernen. Es handle sich meiner Überzeugung nach vielmehr um zufällige Prägungen. Man könne sich immer und überall sexu-

wertlose Farbkarten, daher auch „Glatz'n" genannt

elle Leidenschaften eintreten, auch dann, wenn man es gar nicht vermutet hätte.

Angeblich, fahre ich fort, gebe es auch Menschen, die in Birkenstockschlapfen und selbstgestrickten Wollsocken die wildesten Orgien feierten. Das sei auf den ersten Blick natürlich nicht nachvollziehbar. Aber Sexualität spiele sich auf einer ganz anderen, nämlich völlig zufälligen Ebene ab. Ohne dass man es wolle oder auch nur wahrnehme, sei man einer ständigen sexuellen Prägung ausgesetzt. Das Gehirn schnappe etwas auf, und Jahre später finde man etwas geil, ohne dafür eine Erklärung zu haben.

Das sei ihr auch schon aufgefallen, bemerkt Stupsi, in einem Tonfall zwischen spöttisch und kokett. Es gebe offenbar kaum etwas, wovon Männer sich nicht sexuell stimulieren ließen. Nicht einmal für Tarockkarten schließe sie das aus. Beim Tarockieren müssten die Gegner abschätzen können, ob sich das Blatt des Spielers durch die Aufnahme des Talons verbessert habe. Sie könne sich gut vorstellen, dass sich bei Männern zumindest ansatzweise eine Erektion einstelle, wenn sie im Talon einige Trullstücke vorfinden. Gewiefte Tarockierer würden diese Reaktion vermutlich nutzen und versuchen, den Unterleib des Spielers im Auge zu behalten, wenn dieser den Talon aufnimmt.

Als Trullstücke werden die wertvollsten Tarockkarten, also jene mit dem höchsten Zählwert bezeichnet, das sind Gstieß, Mond (XXI) und Pagat (I)

So ein Unsinn, protestiere ich. Natürlich löse das Kartenspiel keine sexuellen Reize aus. Ich wisse nicht, sage ich zu Stupsi, ob man jemals daran gedacht habe, pornografische Tarockkarten zu produzieren. Allerdings glaube ich, dass es dafür keinen Markt gebe. Erotik sei definitiv nicht das, was Tarockspieler in einer Kartenrunde suchten.

Unsere Unterhaltung ist immer lauter geworden, sodass jetzt auch Puppi aufmerksam wird. Puppi gegenüber finde ich diese Diskussion unpassend. Ich versuche daher, das Thema zu wechseln und das Gespräch mit Stupsi auf unser Aufeinandertreffen am späten Nachmittag zu bringen.

Ob es ihr normal vorkomme, frage ich Stupsi in herausforderndem Ton, so wie sie mir gestern abends begegnet sei?

Sie sei gewöhnlich nicht abartig, hält sie fest. Mit mir gleite man jedoch schnell in die Abartigkeit. Ich sei besser als alles, fügt sie schnell hinzu, was sie im Versandhandel bisher bestellt habe. Und das heiße schon was.

Ich lache hämisch auf. Nicht weil ich komisch finde, was sie soeben gesagt hat. Vielmehr hoffe ich, sie damit zu verletzen.

Es sei immer dasselbe, sage ich. Alle brüsteten sich damit, abartig zu sein. Wenn man genauer hinsehe, seien sie aber doch nichts als Spießer. Zur Abartigkeit müsse man nicht nur Talent haben, dazu gehöre Mut, mehr noch: ein Lebensentwurf von einer Kühn-

heit, zu der viele gar nicht fähig seien. Die meisten würden ein Schicksal in Konfektionsgröße bevorzugen. Das ließe sich mit ehrlicher Abartigkeit niemals durchhalten, so ich. Ehrliche Abartigkeit erschöpfe sich nicht darin, mit ein paar Liebeskugeln im Schritt einkaufen zu gehen. Zu einer ehrlichen Abartigkeit gehörten Abgründe.
Sie beugt sich zu meinem Ohr. Die finde man in ihr, flüstert sie.
Ich glaube ihr kein Wort. Sie will mir etwas beweisen und bemüht sich, so abartig wie möglich in die letzten Reste ihrer Käsekrainer zu beißen. Damit kann sie mich nicht überzeugen. Ich will ihr das auch sagen. Sie kommt mir aber zuvor, indem sie die Augen aufreißt und nach Luft schnappt. Sie macht ein paar unsichere Schritte auf eine Holzbank zu, sinkt darauf nieder und gibt keinen Laut mehr von sich.
Ich schätze es, wenn jemand stirbt, ohne ein großes Theater zu machen, sagt Puppi zu mir. Ihre Sachlichkeit tut mir gut. Ich frage mich trotzdem, ob ich Stupsi etwas Trauer oder wenigstens Unbehagen schuldig bin. Ich summe *This is the end* von den Doors und komme dabei zum Ergebnis, dass ich der soeben Dahingeschiedenen unterm Strich gar nichts schuldig bin.
Gelungener Sex ist zwar durchaus als gemeinsamer Erfolg zu werten, die damit verbundene körperliche Nähe kann gar Sentimentalitäten auslösen. Trotzdem sollte am Beginn des 21. Jahrhunderts klar sein,

dass dies nichts an unserer Einsamkeit ändert. Es fällt mir daher auch nicht schwer, mich schnell wieder zu fassen.

Es war ein schöner und schneller Tod, sage ich zu Puppi. Schön ja, aber unnatürlich, antwortet Puppi. Ich bin ihr dankbar, dass sie noch immer diskret über mein sexuelles Scheitern hinweggeht und auch jede Anspielung unterlässt.

Sie habe das kommen sehen, sagt Puppi. Es sei im Prinzip jedes Mal dasselbe. Diesmal sei es im Ergebnis allerdings doch anders. Ob ich den Kerl mit der Armbrust kenne, mit dem ich hier am Würstelstand aufgetaucht sei, will Puppi wissen.

Die Armbrust erweise sich ja wohl als selbst erklärend, entgegne ich. Für mich sei das Wilhelm Tell.

Puppi lacht und meint, ich sei ein Kindskopf. Dann wird sie wieder ernst, dreht sich ohne ein weiteres Wort um und hantiert an ihrem Geschirr.

Ich bin mir nicht sicher, ob ich die Wahrheit wirklich wissen will und frage daher nicht weiter. Ich kann mich aber auch nicht dazu aufraffen, den Würstelstand zu verlassen. Irgendwie habe ich die lächerliche Hoffnung, Puppi könnte doch noch etwas Ehrenvolles über meine sexuelle Leistung äußern und sei es nur, um sich die Aussicht auf ein höheres Trinkgeld zu verbessern.

Tatsächlich dreht sie sich erst nach einigen Minuten wieder zu mir um. Wilhelm Tell, bleiben wir bei dem Namen, sagt Puppi mit verschwörerischer Miene,

habe etwas furchtbar Theatralisches. Sie habe Respekt davor, dass jemand wegen seiner Leidenschaft bis zum Äußersten gehe. Sie begreife aber nicht, weshalb man fürs Tarockspiel so viel Passion entwickeln könne. Er mache jeden kalt, der ihm auch nur im Ansatz gefährlich werden könnte. Puppi beginnt zu flüstern. Über dreißig Jahre lang habe er den Mühlviertler Tarockcup ohne Unterbrechung gewonnen und sei fest entschlossen, diese Serie fortzusetzen.
Puppi wirft ängstliche Blicke an mir vorbei über den Taubenmarkt und die Promenade.
Und wenn man es aus der Warte des Tarockspielers betrachte, flüstert Puppi weiter, dann unterscheide sich Linz überhaupt nicht von Palermo. Beim Tarockspiel halte sich die Polizei heraus. Und erst recht die Justiz. Ins Tarockspiel seien gerade in Oberösterreich die höchsten Kreise involviert.
Was das mit der toten Stupsi zu tun habe, will ich wissen.
Das habe ausschließlich mit mir zu tun, sagt Puppi. Wilhelm Tell habe hier immer alles erzählt, der Würstelstand sei sein Beichtstuhl. Hier habe er niemals Hemmungen gehabt. Das Würstelstandgeheimnis gelte zwar erst ab Mitternacht, erklärt Puppi. Dann aber sei es verbindlicher als jedes Beichtgeheimnis. Strittig sei allerdings, fährt sie fort, ob das Würstelstandgeheimnis noch gelte, wenn es schon wieder hell ist. Ihrer Überzeugung nach sei diese Frage jedenfalls zu bejahen. Auch Wilhelm Tell sehe das

offenbar so. Sie habe schon die ganze Woche Nachtdienst gehabt, sagt Puppi. Gestern sei sie länger geblieben, weil die Kollegin, die sie ablösen sollte, wieder einmal verschlafen habe und erst am späten Vormittag aufgetaucht sei. Mir gegenüber wolle sie offen sein, sagt Puppi. Sie gehe davon aus, dass auch ich mich streng an das Würstelstandgeheimnis hielte. Sie habe es zwar nicht erwähnt, aber natürlich könne sie sich an mich erinnern. Was ich gestern Mittag abgeliefert habe, sei eine Peinlichkeit. Aber es sei auch nicht das erste Mal gewesen, dass sie enttäuscht worden sei.

Sie wisse daher, so Puppi weiter, dass durch solche Ereignisse eine Art von Vertraulichkeit entstehe. Es handle sich ihrer Erfahrung nach um eine Art Ping-Pong-Verdrängung. Wenn ein Partner einmal angefangen habe, Vorfälle zu verdrängen, die sich in einer Beziehung ergäben, dann könne auch der andere damit nicht mehr aufhören, eine Verdrängung folge auf die nächste. Fehlgeschlagene Sexualakte seien daher oft die Grundlage für eine lebenslange und besonders verlässliche Diskretion.

Das Thema ist mir nicht angenehm. Ich ermahne Puppi daher, zum Ende zu kommen, und lenke wieder auf Wilhelm Tell. Mir sei jedenfalls klar, dass dieser etwas mit dem Tarockspiel zu tun habe. Wer sonst schleppe schon eine lebensgroße Statue in Form eines Gstieß' durch einen Straßenbahnwaggon? Dass es mir außerdem seltsam vorkomme, den Gstieß mit einer Erektion darzustellen, erwähne ich aus naheliegenden Gründen Puppi gegenüber nicht, obwohl mich eine Erklärung dafür interessiert hätte.

Puppi hat mich durchschaut und lächelt nachsichtig. Sie ist aber feinfühlig genug, das für mich heikle Thema jetzt nicht zur Sprache zu bringen. Für Wilhelm Tell sei Tarock mehr als ein Kartenspiel, sagt sie. Er glaube fest an die Macht des Großen Gstieß'. Deshalb schleppe er die Statue immer mit sich herum und sehe in ihr ein Orakel.

Bevor ihre Kollegin sie gestern endlich abgelöst habe, erzählt Puppi, sei Wilhelm Tell hier am Würstelstand aufgetaucht. Dermaßen durch den Wind habe sie ihn noch nie erlebt.

Wieder macht sie eine Pause. Die Stadt räkelt sich im Morgengrauen und erwacht langsam. Vereinzelt sind Leute zu sehen, sie haben es entweder eilig, ins Büro zu kommen, oder joggen an uns vorbei, um ihren Körper in Schwung zu bringen – an Würsteln sind sie glücklicherweise nicht interessiert. Auch die tote Stupsi bleibt weiterhin unbemerkt, was ich gut verstehen kann. Frühaufsteher freuen sich auf den neuen Tag und wollen mit dem Tod noch nichts zu tun haben.

Ich warte und dränge Puppi nicht, weil ich das mulmige Gefühl habe, dass mich das, was sie mir erzählen will, beunruhigen wird.

Schließlich fährt sie dann im Flüsterton von selbst fort. Wilhelm Tell habe schon seit längerem unter der Vorstellung gelitten, als Matador des Mühlviertler Tarockcups entthront zu werden. Dass der Große Gstieß die Notbremsung in der Straßenbahn zum Anlass genommen habe, meine Begleitung zu erschlagen, während er mir mit einer völlig unnatürlichen Bewegung ausgewichen sei, sei für Wilhelm Tell ein deutliches Zeichen gewesen: Der Große Gstieß habe mich für den Tarockcup auserwählt.

Unterm Strich seien wir quitt, sagt Puppi. Es klingt schneidend und kalt. Wilhelm Tell sei immer ihr großzügigster Stammkunde gewesen. Sie habe es nicht gerne, wenn ihre Stammkunden verzweifelt seien. Daher habe sie zugesagt, ihm bei der Suche nach mir behilflich zu sein. Auch wenn ihr von Beginn an klar gewesen sei, räumt Puppi ein, dass Wilhelm Tell Konkurrenz beim Tarockcup überhaupt nicht schätze und zu allem fähig sei. Aber letztendlich seien wir quitt, wiederholt Puppi unerbittlich.

Natürlich habe sie mich in Gefahr gebracht, als sie mich auf der Landstraße aufgestöbert habe. Aber was ich mit dem Taschentuch aufgeführt habe, sei auch nicht von schlechten Eltern gewesen und hätte, wenn es blöd hergegangen wäre, sogar im Spital enden können. Ganz zu schweigen davon, dass meine anschließende Darbietung für sie ziemlich kränkend gewesen sei. Sie sage das alles so offen, sagt Puppi, weil sie mich in der Hand habe. Ein Würstelstand sei das Nonplusultra der Gerüchteküche, dem nicht einmal Facebook das Wasser reichen könne.

Ich nicke, weil ich nur zu gut weiß, dass mir nichts anderes übrig bleibt, als zu schweigen. Mir schwindelt bei dem, was Puppi mir erzählt hat. Gleichzeitig fühle ich mich geschmeichelt, dass ich heute Ziel eines Mordversuches gewesen sein soll.
Wilhelm Tell hat also gar nicht auf Grizabella gezielt, sondern auf mich, resümiere ich gefasst.
Puppi bestätigt mit einem langsamen Nicken. Wilhelm Tell habe ihr das heute Nacht gebeichtet, auch wenn nicht von einer Grizabella die Rede war. Und mit Stupsi sei es ihrer Meinung nach ähnlich gewesen, setzt Puppi hastig nach. Wilhelm Tell habe ja nicht damit rechnen können, dass ich die während meiner Pinkelpause von ihm in aller Eile vergiftete Käsekrainer nicht selber essen, sondern aus welchen Gründen auch immer an Stupsi abtreten würde. Aus den Unterhaltungen ihrer Kunden wisse sie, dass man über das Internet alles bekomme. Sicher auch Zyankali oder etwas Ähnliches, das in einer Käsekrainer wirke. Sie habe Wilhelm Tell beobachtet, wie er das Pulver aus der Tasche geholt und dann an der Käsekrainer herumgewerkt habe. Sie habe sich ihren Teil dabei gedacht, jedoch nicht eingegriffen, brummt Puppi. Neutralität sei das oberste Prinzip, zu dem Würstelfrauen verpflichtet seien, sonst vertreibe man die Kunden.
Dann sei der Tod der beiden Frauen eine von mir ausgelöste Fügung gewesen, konstatiere ich aufgeregt, eine zwangsläufige Entwicklung einerseits, zugleich

aber eine kreative Pointe des Schicksals? Zwetschkerl, Grizabella und Stupsi haben eines gemeinsam: das Pech, mit mir zusammengetroffen zu sein – mit jemandem, der den Auftrag hatte, Gutes zu tun. Und damit nicht nur die anderen, sondern auch sich selbst in Gefahr gebracht hat.

Was mich anlange, könne ich beruhigt sein, meint Puppi geringschätzig. Wilhelm Tell sei, da kenne sie ihn gut genug, aufs Erste ziemlich impulsiv. Er beruhige sich dann aber schnell wieder. Ihrer Meinung nach hätte ich nichts mehr zu befürchten.

Wieder kommen einige Passanten vorbei. Die tote Stupsi liegt so elegant auf der Bank, dass offenbar niemand eine Leiche vermutet. Auch der Pudel hat sich mit der neuen Situation abgefunden. Erleichtert beobachte ich, dass er sich ein neues Frauchen gefunden hat und ihm schwanzwedelnd folgt.

Dann kommt es mir aber doch wieder unglaubwürdig vor, dass alles eine Fügung gewesen sein soll. Und Birkenstock, wende ich ein. Der habe doch auch eine Rolle gespielt, obwohl er weder mit dem Mühlviertler Tarockcup etwas zu tun habe noch mit dem Zwetschkerl – und schon gar nichts mit einer gealterten Linzer Prostituierten, die ich Grizabella nenne. Sehr wohl mit dem Tarockcup, hält Puppi dagegen. Wilhelm Tell habe Birkenstock nach dem Vorfall mit dem Zwetschkerl sofort angerufen und ihn gebeten, mich ausfindig zu machen. Die Zusammenarbeit habe perfekt funktioniert, das müsse ich zugeben,

meint Puppi. Sie habe mich bei Birkenstock abgeliefert und Wilhelm Tell informiert.
Birkenstock sei ganz begeistert gewesen, sagt Puppi, dass er Wilhelm Tell einen Gefallen tun konnte, indem er mich ein bisschen verhörte und ihm damit genug Zeit verschaffte, in die Polizeistation nachzukommen. Wilhelm Tell sei nämlich so etwas wie der Tarock-Guru des Dr. Birkenstock, so Puppi. Tarockspielen lerne man nicht aus Büchern, das werde einem beigebracht. Und der, der einem das Tarockspielen beibringe, sagt Puppi, sei dann ein Leben lang der Guru. Seinen Tarocklehrer könne man nicht mehr abschütteln, da sei das Über-Ich ein Lercherlschas dagegen.
Sie habe das selbst beobachtet, sagt Puppi. Hünen mit Punkerhaarschnitt und Tätowierungen am ganzen Körper, denen man in der Nacht höchstens mit einer Pumpgun im Anschlag begegnen möchte, habe sie erlebt, die dann beim Tarock Mühe gehabt hätten, die Tränen zurückzuhalten, wenn ihnen der Guru beim ersten Ausspielen einen strafenden Blick entgegen geschleudert habe. Das liege daran, sagt Puppi, dass das Tarockspiel etwas Zwiespältiges an sich habe. Tarock gebärde sich so, als hätte es etwas zu tun mit Logik und Strategie, also letztlich mit dem Verstand. In Wirklichkeit könne beim Tarockspiel

wörtlich übersetzt: Furz einer Lerche, also unbedeutende Kleinigkeit

Während Tarock mit 54 Spielkarten gespielt wird, benötigt man zum Bauernschnapsen nur 20 Blatt.

genau so wenig vom Verstand die Rede sein wie bei jedem anderen Kartenspiel.

Tarock bestehe auch nur aus einer Sequenz von Zufälligkeiten, die, weil mehr Karten im Spiel seien, halt etwas länger andauere als beim Bauernschnapsen. Das sei aber auch schon alles, sagt Puppi. Umso erstaunlicher, was aus dem Tarockspiel gemacht würde. Sein Wesen bestehe darin, in einen völlig zufälligen Ablauf Bedeutung hinein zu interpretieren. Und das, sagt Puppi, erinnere sie ziemlich genau an das wirkliche Leben.

Ich nicke, weil ich weiß, dass sie Recht hat.

Die hohe Kunst des Tarockspielens, sagt Puppi, liege nicht in der Entscheidung, welche Karte ausgespielt werde. Sie liege vielmehr darin, im Nachhinein das eigene Spielverhalten zu erklären. Damit, sagt Puppi, entstehe ein Pyramidenspiel der Argumente. Und letztlich zähle das, was der Guru sagt. Das erkläre die geradezu unheimliche Macht, die dieser durch das Tarockspiel erlange.

Die Gefolgschaft des Guru sei zu allem fähig, behauptet Puppi. Sie tue alles, um nicht in Ungnade zu fallen. Werde man vom Tarockguru verstoßen, bevor es gelungen ist, eine eigene Gefolgschaft heranzuziehen, sei man verloren, sozusagen vogelfrei.

Nicht nur das Tarockspiel werde dann zur Qual, sagt Puppi. Nein, ein in Ungnade gefallener, von seinem Guru verstoßener Tarockspieler gehe auch im Zivilleben fortan durch die Hölle. Ein verstoßener Tarockspieler verliere nämlich alles, sogar sein Selbst. Das wiederum erkläre sich daraus, sagt Puppi, dass einen das Tarockspiel in einer viel radikaleren Form in Frage stellen könne, als es selbst die Theologie vermöge. Tarock erzeuge das vielleicht ursprünglichste Gefühl der Unvollkommenheit. Es bedeute, darüber sei sich jeder Spieler im Klaren, die Bereitschaft zur völligen Preisgabe.

Jeder Tarockierer, sei er noch so erfahren und konzentriert bei der Sache, müsse ständig damit rechnen, dass sich, geleitet vom jeweiligen Guru der Runde, die Deutungen des Spielverhaltens plötzlich und völlig überraschend gegen ihn richteten. So gesehen gehe ein Tarockierer bei jedem Spiel an die Grenze seiner Existenz. Für sie, sagt Puppi, sei es eigentlich erstaunlich, dass es bei Tarockspielern nicht zu mehr Selbstmorden komme. Wirklich untersucht, räumt sie ein, habe das wohl bisher niemand, weil man dem Tarockspiel in der Suizidforschung viel zu wenig Bedeutung beimesse.

Wie der Mensch, wispert Puppi so leise, dass ich mich beim Zuhören extrem anstrengen muss, überhaupt dazu neige, Bedeutungen zu unterschätzen. Der Mensch von heute, sagt Puppi, verfüge zwar über Navigationsgeräte und Orientierungs-Apps, könne aber nicht mehr sehen, dass es rund um uns nur so von Zeichen wimmle.

Puppi wendet sich wieder von mir ab und beginnt ihre Kochutensilien zu verstauen.

Es ist seltsam mit den Zeichen, wende ich mich an Puppis Rücken. Mir hat Gott heute aufgetragen, Gutes zu tun, und ich habe es versucht. Was ist das Ergebnis? Drei Frauen sind wegen mir gestorben, und eine vierte habe ich beim Sex enttäuscht.

15.

Verbittert und ohne zu zahlen verlasse ich den Würstelstand. Ich will nur mehr nach Hause. Auch für Stupsi fühle ich mich kein bisschen verantwortlich. Sie liegt noch immer tot auf der Bank. Ich bin sicher, es ist nur eine Frage der Zeit, bis jemand kommt und sich darum kümmert, dass sie fortgeschafft wird.

Kaum bin ich um die nächste Ecke gebogen, da macht sich hinter mir mit einem bitteren Lachen die kleine Miss Lonely bemerkbar. Ich drehe mich widerwillig um und erschrecke über ihre weit aufgerissenen Augen, die über den hohlen Wangen herausleuchten und, so unwahrscheinlich es klingt, scharf nach Schnaps riechen.

Sie hält ihr Gesicht ganz nahe an meinem. Es gibt keinen Plan, flüstert sie heiser. Es gibt nur eine Logik hinter allem.

Ihr Gesicht entspannt sich und wird wieder milder. Sie habe alles mitgehört, sagt sie, was mir Puppi erzählt hat. Ich solle mich nur nicht täuschen lassen. Solche Tage gebe es, sie hätten aber nichts zu bedeuten.

Sie hakt sich bei mir ein. Arm in Arm gehen wir weiter. Obwohl sie deutlich schwankt und der Rausch sie schwerer macht, als sie ist, bringt sie mich nicht aus dem Gleichgewicht.

Würstelfrauen seien die besten Geschichtenerzählerinnen, die man sich denken könne, fährt sie nach einer kurzen Pause fort. Klofrauen seien eher für die Lyrik prädestiniert, weil sie Tag für Tag Verse von den Wänden und Türen wischen, die in einem außergewöhnlichen Seelenzustand, ganz ohne Schaffenszwang entstanden sind. Den Würstelfrauen hingegen flögen ständig die absurdesten Anekdoten um die Ohren, bis sie selbst anfingen, das Gehörte und Gesehene zu Geschichten zu verkabeln.

Ob ich denn wirklich glaubte, dass man jemanden so mir nichts, dir nichts mit einem Internetanschluss und einer Käsekrainer vergiften könne? Wenn das so einfach wäre, gäbe es heute keine sieben Milliarden Menschen auf der Welt und schon gar kein Pensionsdilemma. Sie kenne Frauen wie Stupsi schon lange, noch aus ihrer Zeit als Prosekturgehilfin.

Frauen mit so dicken Oberschenkeln hätten, auch wenn einem das oft nicht auffällt, meist ein Gewichtsproblem und in weiterer Folge ein schwaches Herz. Ein Herzanfall könne an sich aus heiterem Himmel kommen. Unsere Unterredung, die sie verfolgt habe, veranlasse sie aber zu Vermutungen. Selbst wenn man in der Medizin über nichts einig ist, sage einem schon der bloße Menschenverstand, dass man mit einem schwachen Herz beim Sex vorsichtig sein muss. Frauen wie Stupsi seien so leidenschaftlich, dass ihr Puls schon steigt, wenn sie nur über Sex zu reden beginnen. Und dann sei der Pallawatsch perfekt. Wenn eine leidenschaftliche Frau mit einem schwachen Herzen sich über Sex in Feuer rede, sei ein Anfall vorprogrammiert. Für eine gelernte Prosekturgehilfin sei das wirklich keine Überraschung.

ugs. für „Durcheinander"

Ob sie denn nicht an einen Zusammenhang mit dem Tarockspiel glaube, frage ich zögernd, weil ich Hoffnung schöpfe.

Ihrer Beobachtung nach liege das Problem ganz woanders, und ich hätte ziemlich Schwein gehabt. Sie kenne die Linzer Kriminalpolizei, auch noch aus ihrer Zeit als Prosekturgehilfin. So auch Birkenstock, der mache das ja schon lange. Jeder Kriminalbeamte habe sein Lieblingsdelikt. Und Birkenstock sei eben ganz verrückt nach dem Paragrafen 201 des Strafgesetzbuches. Die Vergewaltigung, habe sie Birkenstock schon früher immer sagen gehört, sei die Königin der Sittlichkeitsdelikte.

§ Wer eine Person mit Gewalt, durch Entziehung der persönlichen Freiheit oder durch Drohung mit gegenwärtiger Gefahr für Leib oder Leben (§ 89) zur Vornahme oder Duldung des Beischlafes oder einer dem Beischlaf gleichzusetzenden geschlechtlichen Handlung nötigt, ist mit Freiheitsstrafe von einem bis zu zehn Jahren zu bestrafen.

nem Guru verstoßener Tarockspieler gehe auch im Zivilleben fortan durch die Hölle. Ein verstoßener Tarockspieler verliere nämlich alles, sogar sein Selbst. Das wiederum erkläre sich daraus, sagt Puppi, dass einen das Tarockspiel in einer viel radikaleren Form in Frage stellen könne, als es selbst die Theologie vermöge. Tarock erzeuge das vielleicht ursprünglichste Gefühl der Unvollkommenheit. Es bedeute, darüber sei sich jeder Spieler im Klaren, die Bereitschaft zur völligen Preisgabe.

Jeder Tarockierer, sei er noch so erfahren und konzentriert bei der Sache, müsse ständig damit rechnen, dass sich, geleitet vom jeweiligen Guru der Runde, die Deutungen des Spielverhaltens plötzlich und völlig überraschend gegen ihn richteten. So gesehen gehe ein Tarockierer bei jedem Spiel an die Grenze seiner Existenz. Für sie, sagt Puppi, sei es eigentlich erstaunlich, dass es bei Tarockspielern nicht zu mehr Selbstmorden komme. Wirklich untersucht, räumt sie ein, habe das wohl bisher niemand, weil man dem Tarockspiel in der Suizidforschung viel zu wenig Bedeutung beimesse.

Wie der Mensch, wispert Puppi so leise, dass ich mich beim Zuhören extrem anstrengen muss, überhaupt dazu neige, Bedeutungen zu unterschätzen. Der Mensch von heute, sagt Puppi, verfüge zwar über Navigationsgeräte und Orientierungs-Apps, könne aber nicht mehr sehen, dass es rund um uns nur so von Zeichen wimmle.

Puppi wendet sich wieder von mir ab und beginnt ihre Kochutensilien zu verstauen.

Es ist seltsam mit den Zeichen, wende ich mich an Puppis Rücken. Mir hat Gott heute aufgetragen, Gutes zu tun, und ich habe es versucht. Was ist das Ergebnis? Drei Frauen sind wegen mir gestorben, und eine vierte habe ich beim Sex enttäuscht.

15.

Verbittert und ohne zu zahlen verlasse ich den Würstelstand. Ich will nur mehr nach Hause. Auch für Stupsi fühle ich mich kein bisschen verantwortlich. Sie liegt noch immer tot auf der Bank. Ich bin sicher, es ist nur eine Frage der Zeit, bis jemand kommt und sich darum kümmert, dass sie fortgeschafft wird.

Kaum bin ich um die nächste Ecke gebogen, da macht sich hinter mir mit einem bitteren Lachen die kleine Miss Lonely bemerkbar. Ich drehe mich widerwillig um und erschrecke über ihre weit aufgerissenen Augen, die über den hohlen Wangen herausleuchten und, so unwahrscheinlich es klingt, scharf nach Schnaps riechen.

Sie hält ihr Gesicht ganz nahe an meinem. Es gibt keinen Plan, flüstert sie heiser. Es gibt nur eine Logik hinter allem.

Ihr Gesicht entspannt sich und wird wieder milder. Sie habe alles mitgehört, sagt sie, was mir Puppi er-

Wir haben mittlerweile die Nibelungenbrücke erreicht. Ich überlege, ob ich Miss Lonely in die Donau werfen soll.

Ob ich denn gar nicht bemerkt hätte, kommt sie mir zuvor und schüttelt dabei vorwurfsvoll den Kopf, dass Puppi ein stadtbekannter Lockvogel sei. Wenn sie in einem ihrer kürzeren Röcke über die Linzer Landstraße stolziere, gebe es fast immer jemanden, der sie anspreche und dann überrascht sei, wie schnell er auf ihrer Couch landet. Das dicke Ende komme aber immer nach. Nachdem sie ihren Spaß gehabt habe, stehe sofort die Kieberei vor der Tür, die nur auf ein Zeichen gewartet hat; da halte die Polizei zusammen. Wenn es darum geht, ihm eine neue Vergewaltigung anzuliefern, könne Birkenstock sich auf seine Leute voll und ganz verlassen.

Normalerweise ende eine Begegnung mit Puppi im Häfen. So eine Untersuchungshaft sei schnell verhängt, wenn die Anzeigerin etwas Übung habe. Puppi sei zwar beim Blasen keine Eins, aber hinsichtlich der Anzeigenerstattung verstehe sie ihr Handwerk.

Das wisse sie, Miss Lonely, von einem Würstelstand-Kunden, dem das auch passiert sei und der bei Puppi trotzdem noch seine Würstel esse, weil er ein Mensch sei, der Spaß verstehe. Ihr sei nicht klar, flüstert Miss Lonely, wie ich ohne die übliche Vergewaltigungsanzeige durchgekommen sei.

auch Kiberei; ugs. für Kriminalpolizei

Ich verschweige ihr, dass eine derartige Anzeige aus Puppis Sicht wohl zu viel der Ehre gewesen wäre. Stattdessen berichte ich Miss Lonely, dass bei Birkenstock von Vergewaltigung gar nicht die Rede gewesen sei, sondern nur vom Tarock. Und Wilhelm Tell hätte ich auf der Polizeistation mit eigenen Augen gesehen, stoße ich hastig hervor. Insofern komme mir Puppis Version um einiges plausibler vor.

Bah, macht Miss Lonely und rülpst ziemlich undamenhaft. Sie sagt, dass ihr schlecht sei. Am Bernaschekplatz setze ich sie in die Wiese. Aufgeregt gehe ich vor ihr auf und ab.

Vom Sehen her kenne sie den Verrückten mit der Armbrust, den ich Wilhelm Tell nenne, schon lange, sagt Miss Lonely, weil er in der Früh gern beim Würstelstand am Taubenmarkt zukehre. Er habe halt das Pech, Moby Dick sehr ähnlich zu sehen. Moby Dick sei der bekannteste Zuhälter von Linz, und Zuhälter seien halt immer wieder auf der Polizei, genauso wie alle ihre Doppelgänger.

Dass Birkenstock vom Tarockspielen gesprochen habe, heiße gar nichts. Davon rede hier in Oberösterreich doch jeder. Immer wenn eine Konversation durchhänge oder peinlich werde, fange der Oberösterreicher an, über Tarock zu reden. Sie habe schon Leute in den unmöglichsten Situationen erlebt, die auf einmal davon angefangen hätten, sie seien bei einem Sechserdreier von den Gegenspielern ausvalatiert worden. Einmal habe sie ein Paar in der

Ledergasse beim Schnackseln in einer Hauseinfahrt erwischt, weil sie selbst dort gerade Unterschlupf gesucht habe. Statt dass der Kerl sich diskret zurückgezogen hätte, habe er keuchend drauf losgefaselt, er habe schon einmal einen Bettel ouvert mit einem blanken König gewonnen.

[Schnackseln]
den Beischlaf vollziehen

[Bettel ouvert]
Spielansage beim Tarock, bei der sich der Spieler verpflichtet, keinen einzigen Stich zu machen. Das „ouvert-Spiel" ist deshalb schwerer zu gewinnen, weil alle Karten offen aufgelegt werden

[Blanker König]
bedeutet, dass der Spieler neben dem König keine weitere (niedrigere) Karte dieser Farbe hat. Da der König die höchste Karte einer Farbe ist, kann man einen Bettelouvert mit König nur in seltenen Glücksfällen gewinnen.

[ausvalatiert]
Super-GAU des Tarockspiels, wenn der Alleinspieler, obwohl er alle 6 Talonkarten aufgenommen hat, keinen einzigen Stich macht

Birkenstock habe zwar angeblich schon einmal den oberösterreichischen Tarockcup für sich entschieden. So etwas sei aber Zufall und sage nichts aus über den Menschen und seine Leidenschaften. Das sei sowieso etwas, das sie immer angekotzt und unter anderem dazu geführt habe, dass sie zur Landstreicherin geworden sei. Dass die Leute hierzulande dauernd versuchten, in einen Menschen hineinzuschauen, sei ihr von jeher auf den Nerv gegangen. Dass sie aus dem, was einer tut oder lässt, immer gleich auf den innersten Kern schließen. Dabei sei es lachhaft, von solchen Äußerlichkeiten Rückschlüsse zu ziehen, wie es in einem Menschen aussieht. Ich hätte einfach Glück gehabt, bekräftigt sie ihre Worte und beginnt, wieder vielsagend zu rülpsen.

Trotzdem setze ich mich jetzt zu ihr. Ich lege ihr den Arm um die Schulter. Sie neigt den Kopf an meine Brust, ihre Haare duften nach Komposthaufen. Die aufgehende Sonne und die morgendliche Stille machen aus uns ein Idyll. Ich bin ein wenig optimistischer und habe auch keine Angst mehr, dass mir Miss Lonely auf die Hose speiben könnte.

Und die Sache mit Grizabella, hebe ich nach einer langen Pause an, die habe ich mir ja nicht eingebildet. Ich hätte selbst miterlebt, sage ich und versuche beim Reden nicht zu viel Pathos zu entwickeln, wie sie mir bedauerlicherweise mit der Armbrust weggeschossen wurde.

<small>ugs. für „sich übergeben"</small>

Sie kenne Grizabella, sagt Miss Lonely, und verstehe mein Bedauern nur zu gut. Im Unterschied zu Puppi sei Grizabella immer eine exzellente Bläserin gewesen. Wenn man von Grizabella einen geblasen bekommt, empfinde man schnell etwas wie eine Armbrust. In Wirklichkeit wird es wohl Moby Dick gewesen sein, und keine Armbrust, sondern Pfeil und Bogen. Sie selbst habe Grizabella immer wieder gewarnt. Aber wenn man älter wird, habe man als durchschnittliche Nutte nicht so wahnsinnig viele Optionen. Linz sei eben nicht Paris und der Pfarrplatz nicht die Pigalle.

Das hat gesessen. Wir beide, Miss Lonely und ich, schweigen und starren auf den Boden. Ich flehe insgeheim den Geist der toten Stupsi an, sie nicht rülpsen zu lassen. Es wirkt, und ich verspreche, Stupsi eine Kerze zu spenden.
Grizabella habe es sich mit Moby Dick verscherzt. Als Obdachlose, sagt Miss Lonely, bekomme man ja so ziemlich alles mit, was sich im Linzer Nachtleben abspielt. Wenn die Stimmung schlecht ist, drücke das auch einer Obdachlosen aufs Gemüt, weil man dann immer damit rechnen müsse, dass man geweckt wird, egal, ob auf einer Parkbank am Hessenplatz oder unter einer Autobahnbrücke am Donauufer.

Platz vor der Linzer Stadtpfarrkirche, traditionelles Arbeitsfeld von oberösterreichischen Sexualdienstleistern. Die Pigalle ist das Pariser Pendant.

Ihr sei von vornherein klar gewesen, dass das nicht gut gehen konnte, fährt sie fort. Moby Dick sei für die Zuhälterei immer viel zu sensibel gewesen. Vor allem könne er nicht zuschauen, wenn Frauen älter werden und körperlich verwelken. Grizabella sei eines seiner Lieblingsmädchen und früher sehr attraktiv gewesen. Sie habe sich lange gut gehalten. Dann habe auch an ihr der Zahn der Zeit genagt. Ihr sei schon länger klar gewesen, seufzt Miss Lonely, dass es da zu einer Missstimmung kommen musste, die für Grizabella zwangsläufig zum Tod führen würde.

Bei solchen Anlässen werde Moby Dick immer sentimental. Er habe, sie, Miss Lonely, einmal am Würstelstand auf eine Bosna eingeladen, und sie hätten gemeinsam überlegt, wie Grizabella wohl am liebsten sterben würde. Mit einem Schwanz im Mund, habe sie zu Moby Dick gesagt. So könne man ihr ein Denkmal setzen, wie sie es sich verdient hat. Sie habe schon damals den Eindruck gehabt, sagt Miss Lonely, dass sie Moby Dick mit ihren Überlegungen sehr nachdenklich gemacht habe. Daher sei sie auch wenig überrascht, dass er die Idee schlussendlich aufgegriffen habe.

Auch ich bin nachdenklich geworden. Am Bernaschekplatz steht, soweit mir bekannt ist, die letzte Telefonzelle von Linz. Ich werde dem Handy nie verzeihen können, dass es die Telefonzellen ausgerottet hat. Im öffentlichen Bereich waren sie neben Toilettenanlagen die einzige Möglichkeit, sich kurzfristig zurückzuziehen und von der Außenwelt abzugrenzen. Toilettenanlagen haben gegenüber Telefonzellen den Nachteil, dass es dort stinkt und sie gebührenpflichtig sind.

Einem jähen Impuls folgend stoße ich Lonely zur Seite und stehe auf. Ich krame ein paar Münzen aus meiner Geldbörse und gehe zur Telefonzelle. Glücklicherweise finde ich den Zettel mit Puppis Handynummer sofort. Während ich wähle, winke ich Miss Lonely zu. Sie hat sich aufgesetzt. Sie sieht zu mir her, beachtet mich aber nicht.

Ich lasse es lange läuten, bis Puppi endlich abhebt.

Ich habe meine Würstel noch nicht bezahlt, raune ich in den Hörer. Puppi gibt keine Antwort. Ich wiederhole meine Aussage. Meine Stimme zittert.

Nicht nur das, sagt Puppi schließlich und klingt dabei sehr ernst. Vielleicht kommt mir das aber nur so vor, und sie ist einfach noch verschlafen. Ich hätte nicht nur meine Käsekrainer nicht bezahlt, sagt Puppi, für meinen Geschmack einen Tick zu vorwurfsvoll. Dasselbe gelte auch für die Käsekrainer, mit der ich Stupsi um die Ecke gebracht hätte.

Ich protestiere. Die Ursache von Stupsis Tod sei im schicksalhaften Zusammentreffen von herzschädigendem Übergewicht und einem leidenschaftlichen Konversationsthema zu suchen.

Ich erzähle Puppi, dass ich am Nachhauseweg diese Landstreicherin getroffen habe, heute schon zum zweiten Mal. Ich nenne sie Miss Lonely, berichte ich ihr, weil sie mich an Bob Dylan und *Like a rolling stone* erinnere. Sie habe mir für alles, was heute vorgefallen ist, eine Erklärung gegeben. Ich könne für das alles gar nichts. Weder dafür, dass Grizabella umgebracht wurde, noch dafür, dass Stupsi nicht mehr lebe. Es sei der pure Zufall, dass ich dabei war, während sie verblichen sind. Wäre ich daheim geblieben, würden Grizabella und Stupsi genauso mausetot sein.

Puppi beginnt mich hysterisch auszulachen. Es klingt gehässig und verletzt mich.

Weil es sinnlos ist, jetzt etwas zu sagen, schüttle ich nur stumm und verärgert den Kopf. Dabei fällt mir auf, dass Miss Lonely verschwunden ist. Typisch, denke ich, jetzt hat sie sich wieder in Luft aufgelöst.

Endlich findet Puppi ihre Fassung wieder. Ich müsse mich schon entscheiden, höhnt sie und fängt an, über mich herzuziehen. Ob ich an Zeichen glauben wolle oder an das Gebrabbel einer Obdachlosen. Ob ich im Tarockspiel mehr sehen wolle als einen unverfänglichen Zeitvertreib, geifert sie ins Telefon. Ob ein Würstelstand für mich nur eine wirtschaftlich sinnvolle Nutzung von Verkehrsfläche sei oder ich ihn als Ort akzeptieren könne, wo das Schicksal mit seiner ganzen Kraft zuschlägt. Ob ich zu den Weicheiern gehören möchte, die auf den großen Plan pfeifen und in allem einen Zufall sehen. Oder ob ich mich endlich damit abfinden und meinen Spaß damit haben könne, Schuld auf mich zu laden.

Das ist nicht schwer zu entscheiden, entgegne ich, weniger an Puppi gerichtet als an mein Leben. Der große Plan kann mir gestohlen bleiben, und schuldig will ich schon gar nicht sein. Ohne mich von Puppi zu verabschieden, hänge ich den Hörer ein.

Ich will nur mehr nach Hause.

Wenn man etwas bewegen will, sage ich nicht ohne Bitterkeit zu meinem Leben, ist die Gefahr riesengroß, sich zu verstricken. Wenn man etwas zum Guten wenden will, denke ich, während ich die Haustür aufsperre, kommt man zwangsläufig vom Weg ab.

16.

Es ist Dienstag morgen, ein paar Minuten vor sechs. Als ich im Badezimmer das Fenster öffne, blendet mich die aufgehende Sonne. Am Waschbecken liegt immer noch meine Zahnbürste.

Energisch greife ich danach und putze mir gründlich die Zähne. Ich werde das in Zukunft wieder unbefangen tun können. Es ist egal, was passieren wird. Denn Zeichen bedeuten mir nichts mehr.

Die Randbemerkungen wurden unter Zuhilfenahme dieser Werke verfasst:

Fussy, Auf gut österreichisch, Ein Wörterbuch der Alltagssprache (2003)
Grubers Piefkewörterbuch, Der Index der verpönten Wörter für Österreicher (2006)
Margotin/Guesdon, Bob Dylan – Alle Songs, Die Geschichten hinter den Tracks (2015)
Mayr/Sedlaczek, Das große Tarockbuch
Mayr/Sedlaczek, Die Strategie des Tarockspiels, 4. Aufl. (2014)
Sedlaczek, Kleines Handbuch der bedrohten Wörter (2007)
Sedlaczek/Winder, Das unanständige Lexikon (2014)
Teuschl, Wiener Dialektlexikon, 3. Auflage (2007)
Vacha, Handbuch Tarock (2015)

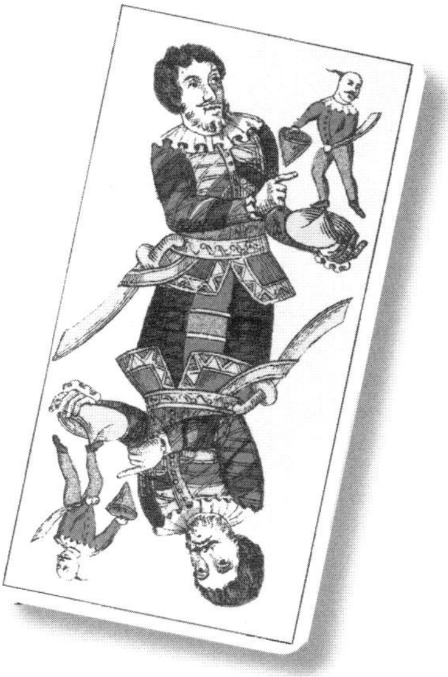

Alle Rechte vorbehalten. Kein Teil dieser Publikation darf in irgendeiner Form oder in irgendeinem Medium reproduziert oder verwendet werden, weder in technischen noch in elektronischen Medien, eingeschlossen Fotokopien und digitale Bearbeitung, Speicherung etc.

Bibliografische Information der Deutschen Nationalbibliothek
Die Deutsche Nationalbibliothek verzeichnet die Publikation in der Deutschen Nationalbibliografie; detaillierte bibliografische Daten sind im Internet über http://dnb.ddb.de abrufbar.

© 2017 müry salzmann
Salzburg – Wien
Lektorat: Silke Dürnberger
Gestaltung: Müry Salzmann Verlag
Druck: Theiss, St. Stefan im Lavanttal
ISBN 978-3-99014-148-9
www.muerysalzmann.at

Literatur im Müry Salzmann Verlag

Sensationell bescheiden: schmal, souverän und von schöner, durchscheinender Sprache.
Die ZEIT

ISBN 978-3-99014-140-3
128 S., EUR 19,-

Lydia Haider gelingt die Quadratur des Kreises, auf der politischen Ebene ebenso vielschichtig zu sein wie in den romanästhetischen Verfahren.
Literaturhaus Wien

ISBN 978-3-99014-138-0
184 S., EUR 19,-

Eine Wucht!
APA

Ein literarisches Kunstwerk.
Falter

ISBN 978-3-99014-129-8
288 S., EUR 24,-

müry salzmann

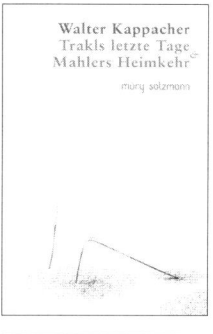

Walter Kappacher
Trakls letzte Tage
Mahlers Heimkehr

*Eine Besinnung auf die eigene
Kraft, die im Schreiben liegt.*
Hans Höller, Der Standard

ISBN 978-3-99014-104-5
96 S., EUR 19,-

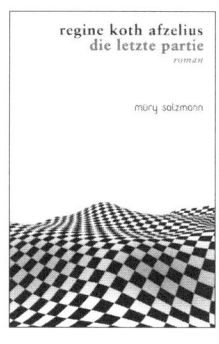

regine koth afzelius
die letzte partie
roman

*Die Schilderungen der Liebes- und
Beziehungsgeflechte der Menschen
treffen immer ins Schwarze.*
Die Presse, Spectrum

ISBN 978-3-99014-131-1
208 S., EUR 19,-

Kathrin Groß-Striffler
Mutters Fest
Novelle

Große Empfehlung!
WeiberDiwan

ISBN 978-3-99014-139-7
128 S., EUR 19,-

Literatur im Müry Salzmann Verlag

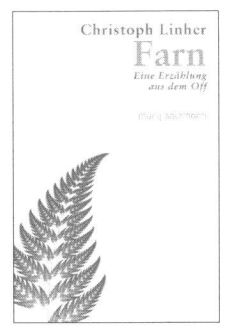

Christoph Linher
Farn
Eine Erzählung aus dem Off

Gehört zum Größten, was Österreich im vergangenen Jahrhundert hervorgebracht hat.
Peter Natter,
Vorarlberger Nachrichten

ISBN 978-3-99014-130-4
112 S., EUR 19,-

Elke Laznia ist eine Entdeckung.
APA, Wolfgang Huber-Lang

ISBN 978-3-99014-146-5
88 S., EUR 19,-

Ein witzig geschriebener Lesegenuss!
WeiberDiwan

ISBN 978-3-99014-108-3
224 S., EUR 19,-

müry salzmann

"Goetheallee" ist vielleicht Wonnebergers bester Roman.
Sächsische Zeitung

ISBN 978-3-99014-101-4
176 S., EUR 19,-

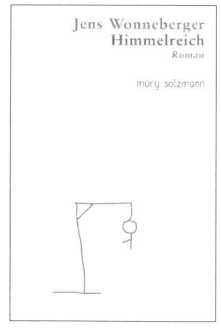

Jens Wonneberger ist ein wunderbarer Erzähler!
Ulrich Rüdenauer, SWR2

ISBN 978-3-99014-128-1
160 S., EUR 19,-

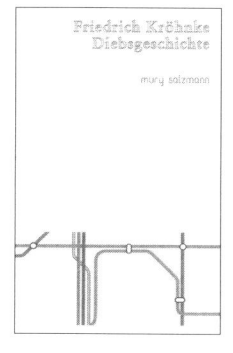

Friedrich Kröhnke hat ein Gespür für sprachliche Intensität und erzählende Dramaturgie, wie es ganz selten ist.
Tobias Lehmkuhl, Deutschland Radio
ISBN 978-3-99014-109-0
136 S., EUR 19,-

www.muerysalzmann.at

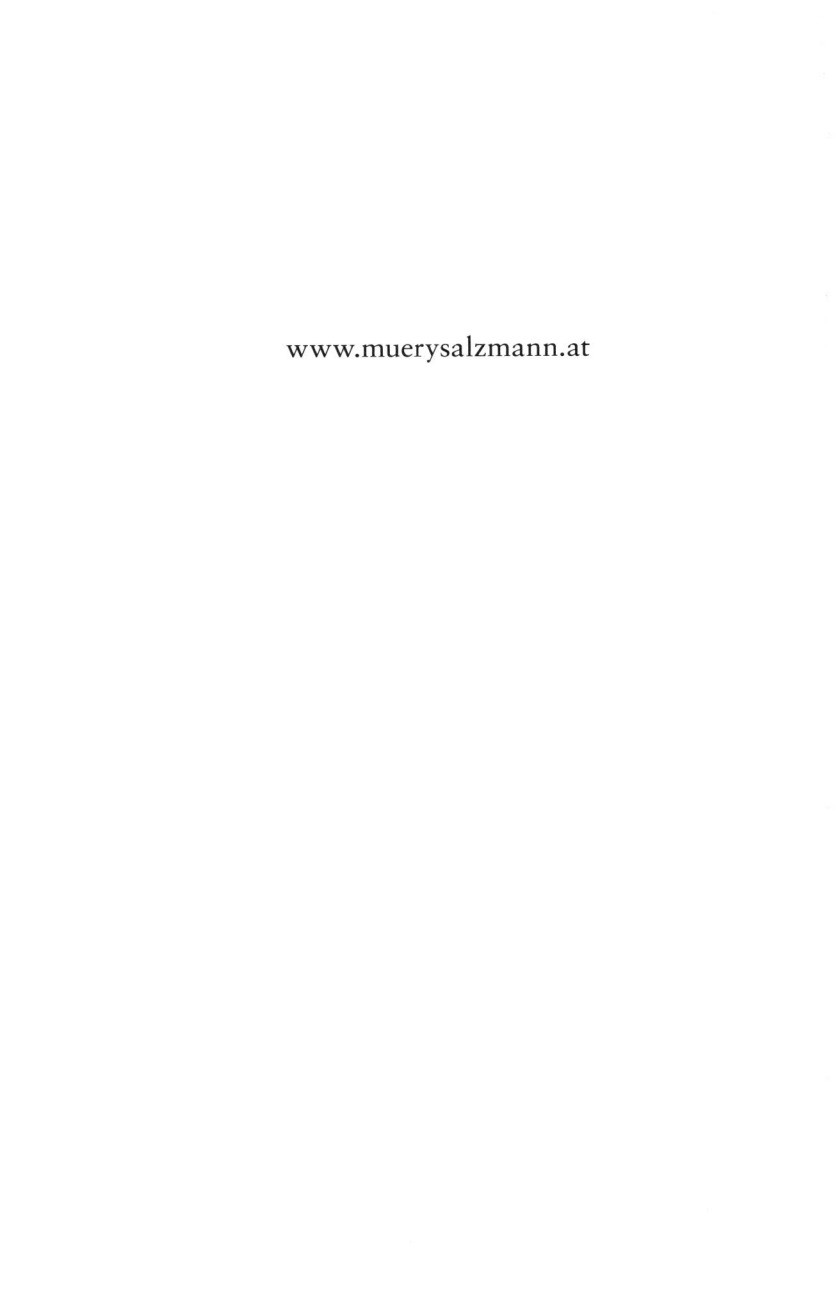